Winfried Seimert

Bildbearbeitung mit Photoshop Elements 6

Winfried Seimert
Bildbearbeitung mit
Photoshop Elements 6
Mit 171 Abbildungen
FRANZIS

Bibliografische Information der Deutschen Bibliothek
Die Deutsche Bibliothek verzeichnet diese Publikation in der Deutschen Nationalbibliografie; detaillierte Daten sind im Internet über **http://dnb.ddb.de** abrufbar.

Wichtiger Hinweis

Alle Angaben in diesem Buch wurden vom Autor mit größter Sorgfalt erarbeitet bzw. zusammengestellt und unter Einschaltung wirksamer Kontrollmaßnahmen reproduziert. Trotzdem sind Fehler nicht ganz auszuschließen. Der Verlag und der Autor sehen sich deshalb gezwungen, darauf hinzuweisen, dass sie weder eine Garantie noch die juristische Verantwortung oder irgendeine Haftung für Folgen, die auf fehlerhafte Angaben zurückgehen, übernehmen können. Für die Mitteilung etwaiger Fehler sind Verlag und Autor jederzeit dankbar.
Internetadressen oder Versionsnummern stellen den bei Redaktionsschluss verfügbaren Informationsstand dar. Verlag und Autor übernehmen keinerlei Verantwortung oder Haftung für Veränderungen, die sich aus nicht von ihnen zu vertretenden Umständen ergeben.
Evtl. beigefügte oder zum Download angebotene Dateien und Informationen dienen ausschließlich der nicht gewerblichen Nutzung. Eine gewerbliche Nutzung ist nur mit Zustimmung des Lizenzinhabers möglich.

Herausgeber: Ulrich Dorn
Satz: Phoenix Publishing Services GmbH
art & design: www.ideehoch2.de
Druck: Delo Tiskarna d.d., Ljubljana
Printed in Slovenia

ISBN 978-3-7723-**7444-9**

Vorwort

Photoshop Elements gilt als der „kleine" Bruder von Adobe Photoshop und ist in erster Linie als Werkzeug für Hobbyfotografen und Anwender ohne Profiambitionen gedacht, die hauptsächlich die Nachbearbeitung von digitalen Fotografien oder Scans sowie die Bearbeitung von Grafiken und Bildern fürs Web im Auge haben. Ich arbeite mit dem Programm seit der ersten Version, und es ist schon erstaunlich, wie es sich entwickelt hat. Mittlerweile bietet es einen durchdachten Aufbau, durch den sich die Einarbeitungsphase gegenüber dem großen Bruder Adobe Photoshop deutlich reduziert. Wohltuend ist der Verzicht auf einen übergroßen Funktionsumfang und Merkmale der Profiversion (etwa die Vierfarbseparation), die meist nur von professionellen Grafikern verwendet werden. Nichtsdestotrotz ist der Funktionsumfang von Photoshop Elements mehr als ausreichend und bietet alles, was man für die täglichen Arbeiten so braucht. Dies gilt beispielsweise für die vorhandenen Retuschewerkzeuge, die in keiner Weise dem größeren Pendant nachstehen. Es ist so gut wie alles an Bord, was man zur perfekten Fotoretusche benötigt. Sie können beispielsweise – teilweise automatisch – Fehlbelichtungen korrigieren, rote Augen aus Blitzlichtaufnahmen entfernen oder gar Einzelaufnahmen zu fantastischen Panoramabildern verschmelzen und diese dann mithilfe der vielfältigen Assistenten gekonnt publizieren. Als fortgeschrittener Anwender werden Sie sich später über die Möglichkeit freuen, mit Ebenen arbeiten zu können, und auf die große Anzahl grundlegender Webfunktionen zurückgreifen.

Zudem werden Sie mithilfe des Organizers endlich Herr der unzähligen Bilder, die sich im Laufe der Zeit auf Ihrer Festplatte ansammeln. Neben dem eigentlichen Bildbearbeitungsmodul verfügt das Programm nämlich über ein hervorragendes Bilderverwaltungsmodul, mit dem Sie Ihre gesamte Bildersammlung wunderbar verwalten und überblicken können. Das Importieren von Fotos von Ihrer Digitalkamera oder das Suchen eines bestimmten Fotos wird Ihnen in Zukunft leicht von der Hand gehen. Dieses Programm verfügt über eine Vielzahl von Funktionen, auf die Sie im Hinblick auf die Bearbeitung und Verwaltung Ihrer vielen digitalen Bilder schon lange gewartet haben. Mit Photoshop Elements können Sie viele Dinge selber machen, die Sie sich sonst teuer erkaufen müssten. Überraschen Sie doch einmal Ihre Lieben mit Collagen, Panoramas, Foto-CDs oder einer Online-Galerie, die Sie im Handumdrehen erstellen.

Doch genug der Worte, Sie möchten gewiss erfahren wie das alles geht. Blättern Sie um und lassen Sie sich überraschen. Ich bin mir sicher: Sie werden beim Lesen und Ausprobieren so viel Spaß haben, wie ich es beim Schreiben hatte.

Die Beispielbilder, die in diesem Buch verwendet werden, finden Sie zum Download unter www.buch.cd.

Würzburg, im Frühjahr 2008

Winfried Seimert

Autor

Als Consultant und freier Trainer für Adobe-, Corel- und Microsoft-Programme ist Winfried Seimert für verschiedene Bildungsträger und Firmen im gesamten Bundesgebiet tätig und führt individuelle Schulungen, Beratungen und Trainings direkt am Arbeitsplatz durch. Ferner entwickelte er verschiedene Telearbeitskonzepte und arbeitet beratend bei deren Einführung und Umsetzung mit.

Bereits seit Mitte der 80er Jahre beschäftigt sich der Autor mit PCs und fand schon recht früh zur Bildbearbeitung. Seit mehr als zwölf Jahren schreibt er erfolgreich Computer- und Sachbücher – unter anderem zur Bild- und Videobearbeitung. Photoshop Elements kennt und verwendet der Autor seit der ersten Version und veröffentlichte bereits kurz nach dem Erscheinen der ersten Version ein Buch zu dem Programm.

Inhaltsverzeichnis

Photoshop Elements kennenlernen 10

Die Schaltzentrale – der Startbildschirm 10
- Organisieren 11
- Bearbeiten 12
- Erstellen 12
- Weitergabe 13

Den Überblick behalten durch Organisieren 14

Bilder fürs Programm auf den Computer laden 14
- Legen Sie Kataloge an 14
- Fotos aus Dateien und Ordnern laden 15
- Fotos aus Kamera oder Kartenleser herunterladen 16
- Fotos vom Scanner laden 18
- Fotos von sonstigen Quellen übernehmen 23

Halten Sie Ordnung im System 24
- Passen Sie die Vorschaubilder an 24
- Legen Sie die Sortierreihenfolge fest 25
- Fassen Sie Ihre Bilder in Alben zusammen 28
- Bewahren Sie die Übersicht in Ihrer Sammlung 29
- Bilder suchen leicht gemacht 30
- Sicherungskopien sind die Rettung bei Datenverlust 34

Optimieren Sie Ihre Fotos – schnelle Korrekturen 36

Schnelle Korrekturen selbst gemacht 38
- Allgemein 39
- Beleuchtung 40
- Farbstiche entfernen 42
- Unschärfen beseitigen auf Knopfdruck 43
- Sichern Sie Ihre Bildkorrekturen 44

Der Assistent – Ihr Helfer bei der Bildbearbeitung 45

Grundlegende Fotobearbeitungen 45
Beleuchtung und Belichtung 48
Farbkorrektur 50
Bearbeitungsvorgänge mit dem Assistenten 53
Photomerge 54

Umfangreiche Bildbearbeitung im Detail 56

Freistellen – Zauberstab, Lasso & Co. 56
Einfache Auswahlformen erstellen 57
Komplexere Auswahlbereiche anlegen 59
Arbeiten mit dem Lasso 61
Komplexe Bereiche mit dem Zauberstab freistellen 64
Ebenen – das Optimum der Bereichsbearbeitung 66
So geht's 67
Praktischer Einsatz von Ebenen 68
Ebene löschen 70

Wahr oder nicht wahr – die Bildmanipulation 72

Retuschieren Sie Ihre Bilder 72
Fotomontagen erstellen 75
Schnellreparaturdienst für schadhafte Fotos 79
Nie mehr schlechtes Wetter! 81
Soweit das Auge reicht – Panoramabilder 84

Filter, Effekte und Co. – peppen Sie Ihre Fotos auf 86

Ohne Ebenen geht nichts 86
Ebene erzeugen 86
Ebenen anordnen 86
Ebenen reduzieren spart Speicherplatz 87
Bildeffekte durch den Einsatz von Filtern 87
Konstruktive Filter verbessern die Bildqualität 88
Verschwommene Bilder scharfzeichnen 88
Weichere Übergänge mit Weichzeichner gestalten 89
Filter für Spezialeffekte – destruktive Filter 93

Kunstfilter 93
Weitere interessante Filter 94
Starke Effekte schnell gemacht mit Ebenenstilen 95
Aufregende Schaltflächen für Ihre Webseite erstellen 95
Eine persönliche Grußkarte erstellen 96
Aufmerksamkeit durch Fotoeffekte erregen 98

Die gelungene Präsentation Ihrer Fotos 100

Erstellen – Bildband, Collage, Diashow und mehr 100
Bildband 101
Fotocollage 103
Onlinegalerie 103
Diashow 104
Abzüge bestellen 106
Weitere Optionen des Bereichs Erstellen 107
E-Mail, DVD, Video-CD – die Weitergabe Ihrer Bilder 109
Versenden Sie Ihre Fotos in die Welt 109
Foto-CD/DVD erstellen 111
Eine Video-CD produzieren 111
Sichern Sie die Mühen Ihrer Arbeit durch Speichern 112
Drucken Sie Ihre Fotos selbst 115

Index 118

Bildnachweis 123

Photoshop Elements kennenlernen

Photoshop Elements zeichnet sich dadurch aus, dass es von Adobe kommt, dem Ausrüster der Grafikprofis schlechthin, und sich verstärkt an Privatanwender richtet. In erster Linie ist das Programm als Werkzeug für Hobbyfotografen und Anwender ohne Profiambitionen gedacht, die hauptsächlich die Nachbearbeitung von digitalen Fotografien sowie die Bearbeitung von Grafiken und Bildern fürs Web im Auge haben. Des Weiteren hilft es Ihnen aber auch bei der Verwaltung Ihrer Bilddaten – und das sind im Zeitalter der Digitalkameras gewiss nicht wenige.

Download

Verfügen Sie noch nicht über das Programm, können Sie sich von der Adobe-Homepage (*http://www.adobe.com/de/downloads/*) eine 30-Tage-Version herunterladen.

Das Programm erfüllt zudem die hohen Qualitätsansprüche, die man von dem „großen" Bruder Adobe Photoshop her kennt, ohne dabei allerdings die überaus komplexe Bedienoberfläche und den hohen Anschaffungspreis aufzuweisen. Einige Werkzeuge sind jedoch einfacher aufgebaut und nicht zuletzt deswegen reduziert sich die Einarbeitungsphase deutlich. Darüber hinaus ist hier die Komposition von Bildbearbeitungsprogramm und Bildverwaltungsprogramm perfekt gelungen, da diese ohne Reibungsverluste zusammenarbeiten.

Im Folgenden wird davon ausgegangen, dass Sie die Software bereits auf Ihrem Rechner installiert haben und sofort loslegen können. Dazu müssen Sie die Seriennummer, die auf der Rückseite der DVD-Hülle steht, eingegeben haben.

Nach der Installation starten Sie das Programm mit einem Doppelklick auf das Symbol auf Ihrem Desktop oder über den entsprechenden Eintrag im Startmenü.

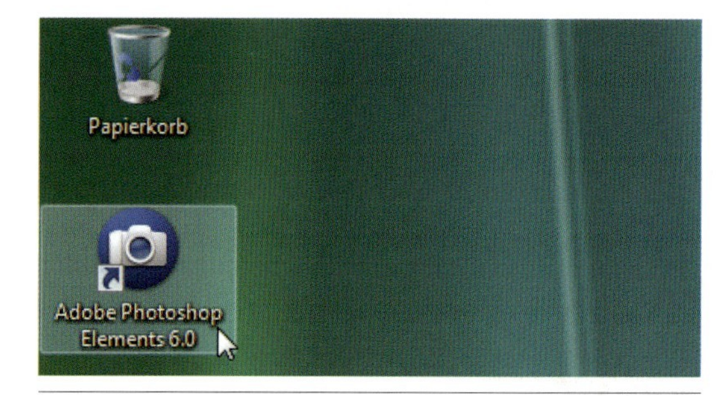

Photoshop Elements starten

Download der Beispielbilder

Eine Auswahl der im Buch verwendeten Bilder können Sie von der Website *www.buch.cd* herunterladen.

Die Schaltzentrale – der Startbildschirm

Sobald Sie geklickt haben, erscheint der Willkommensbildschirm.

Der Willkommens-Bildschirm

Hier müssen Sie sich entscheiden, was Sie als Nächstes tun möchten und dann auf die entsprechende Schaltfläche klicken.

Wie Sie sehen, werden Ihnen vier große Bereiche angeboten:

Organisieren

Mit dieser Schaltfläche rufen Sie den sogenannten *Organizer* auf. Dabei handelt es sich um das Bilderverwaltungsmodul von *Photoshop Elements,* mit dem Sie Ihre gesamte Bildersammlung wunderbar verwalten können. Hier importieren Sie die Fotos von Ihrer Digitalkamera, verwalten Ihre gesamte Fotosammlung an einem zentralen Ort, suchen Fotos in Sekundenschnelle über Stichwort-Tags, Sammlungen oder dem Zeitpunkt der Aufnahme und bereiten den Versand per E-Mail vor. Zudem besteht eine direkte Verbindung zum Editor und Sie können sofort ein Bild bearbeiten, ohne es mühevoll laden zu müssen.

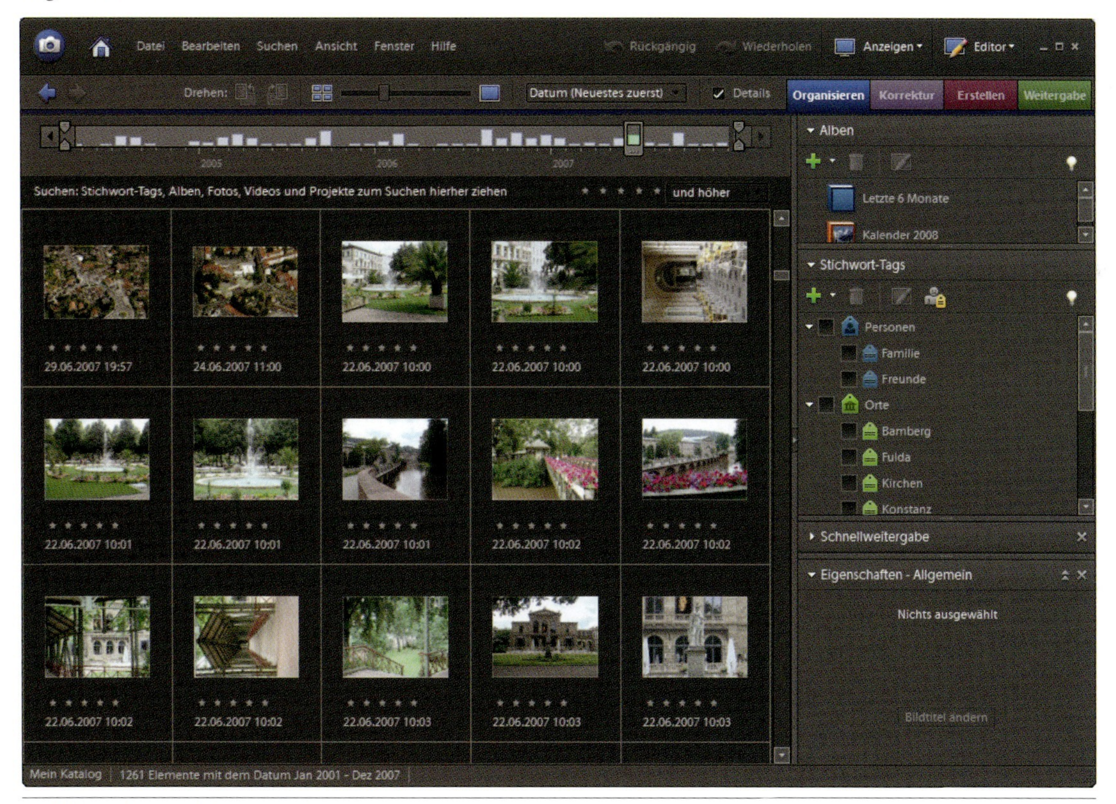

Das Bildverwaltungsmodul – der Organizer

Bearbeiten

Ein Klick auf diese Schaltfläche öffnet das Modul *Editor*. Dieser bietet Ihnen drei Arbeitsweisen. Zum einen können Sie sich von zahlreichen *Assistenten* helfen lassen oder Sie greifen auf die *Schnellkorrektur* zurück, bei der Sie häufig auftretende Fehler schnell korrigieren und oft mit einem Mausklick beheben können. Schließlich finden Sie im Editor wie beim „großen Bruder" die entsprechenden Werkzeuge, mit denen Sie die individuelle Bearbeitungen Ihrer Bilder selbst vornehmen können.

Tipp

Sollte das Aufgabenbedienfeld nicht sichtbar sein, können Sie es über die Menüfolge *Fenster/ Aufgabenbedienfeld einblenden* auf den Schirm holen.

Erstellen

Über die dritte Schaltfläche rufen Sie weitere Optionen auf, die in jedem Modul zur Verfügung stehen. Diese finden Sie auf der rechten Seite im sogenannten Aufgabenbedienfeld.

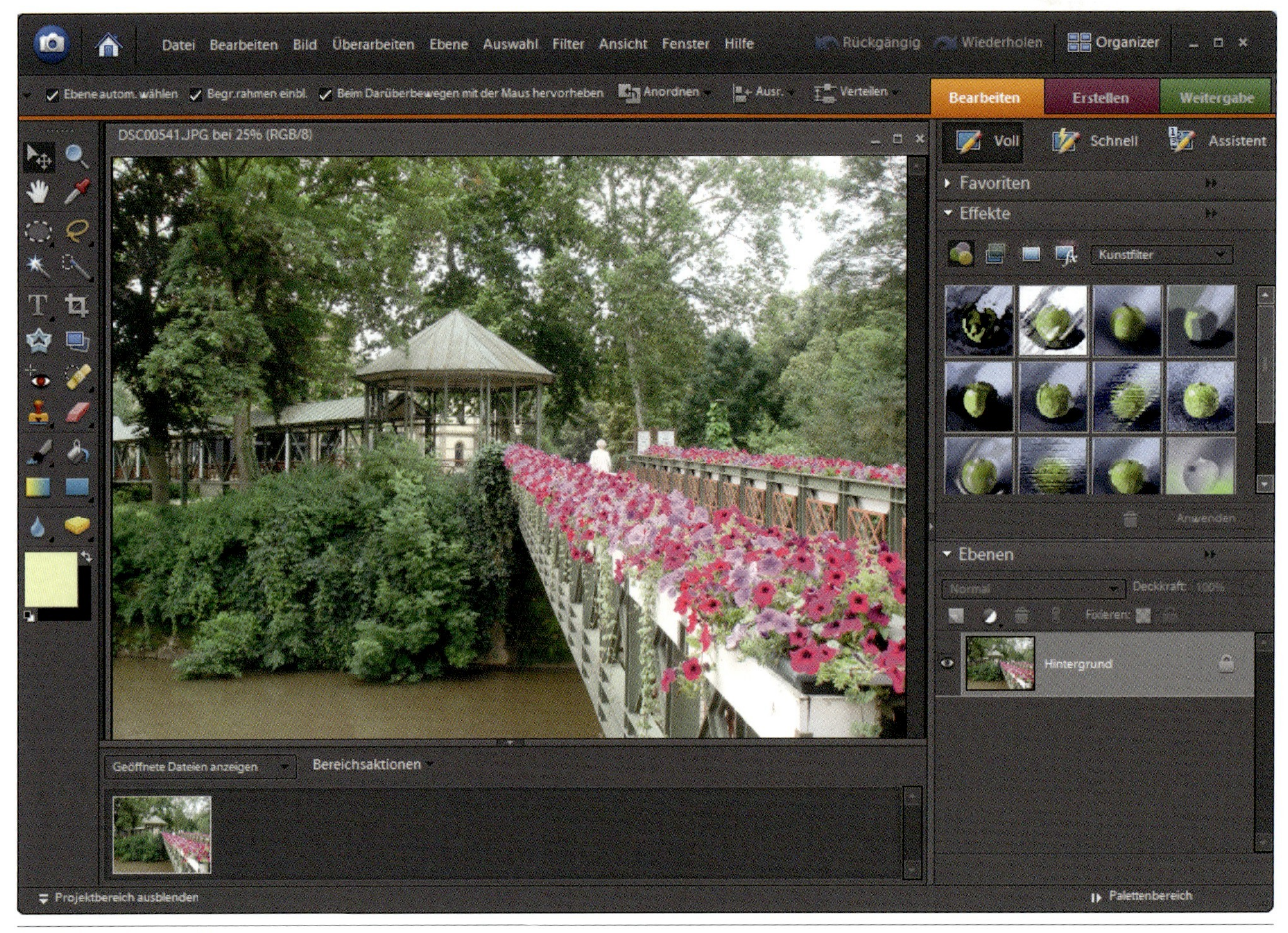

Das Bildbearbeitungsmodul – der Editor

Das Aufgabenbedienfeld mit den Optionen zum *Erstellen*

Wie möchten Sie Ihre Bilder weitergeben?

Über dessen Schaltflächen können Sie beispielsweise einen eindrucksvollen Bildband erstellen oder Ihre Fotos auf unverwechselbare Art und Weise in einer Collage präsentieren. Gemixt mit Musik und gesprochenen Texten werden daraus sogar Diashows oder Internetbeiträge, die jeden beeindrucken, wenn Sie sie vorführen. Und schließlich können Sie ausgewählte Bilder direkt bei einem Anbieter bestellen und ausdrucken lassen.

Weitergabe

Mit der letzten Schaltfläche erhalten Sie Zugriff auf alle Publikationsmöglichkeiten, die Ihnen Photoshop Elements bietet. Dazu zählt beispielsweise das beliebte Verschicken per E-Mail oder das Brennen auf einer DVD oder CD.

Den Überblick behalten durch Organisieren

Haben Sie auch schon einmal verzweifelt ein Bild gesucht? Je mehr Fotos Sie besitzen, desto unübersichtlicher wird die Sammlung. Doch mit Photoshop Elements bewahren Sie stets den Überblick. Das Laden und Verwalten der Bilder geschieht zunächst einmal im Programmmodul *Organizer*.

Klicken Sie auf die Schaltfläche *Organizer*.

Den Speicherort der Bilder angeben

Sie erhalten den Hinweis, dass man mit dem *Organizer* die Fotos anzeigen und sortieren kann.

Bilder fürs Programm auf den Computer laden

Bevor Sie Ihre Bilder bearbeiten können, müssen sich diese auf Ihrem Computer befinden. Dorthin können sie auf vielfache Art und Weise gelangen.

Zum einen können sich diese Bilder bereits in digitaler Form auf Ihrer Festplatte befinden, zum anderen können Sie gedruckt vorliegende Bilder mithilfe eines Scanners digitalisieren. Sie können natürlich auch mit Ihrer Digitalkamera oder Ihrem Handy eigene Bilder schießen und diese dann auf den Computer übertragen.

Legen Sie Kataloge an

Die Bilder werden zunächst alle in einem Katalog abgelegt. Dieser kann in der heutigen Zeit aber recht groß werden, sodass Sie sich überlegen sollten, weitere Kataloge, etwa für private oder geschäftliche Zwecke, anzulegen.

Tipp

Mehr als 5.000 Bilder sollten Sie im Hinblick auf die Lade- und Suchzeit in keinem Katalog speichern.

1. Rufen Sie die Menüfolge *Datei/Katalog* auf und klicken Sie auf die Schaltfläche *Neu*.
2. Vergeben Sie einen Namen für den Katalog und bestätigen Sie mit *OK*.

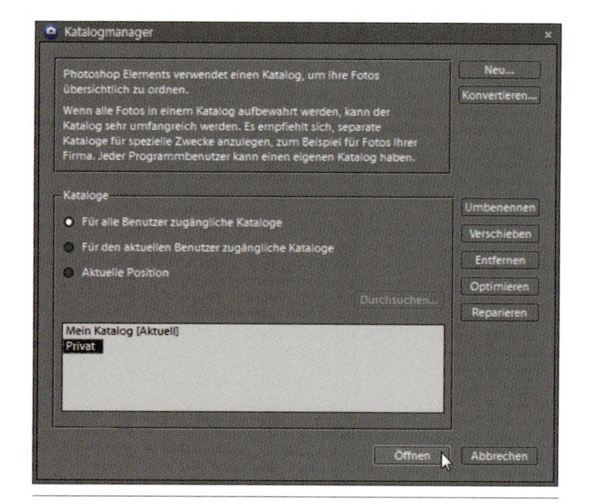

Einen Katalog erstellen

Alle Bilder, die Sie im Folgenden aufnehmen, werden in diesen Katalog abgelegt.

3 Möchten Sie den Katalog wechseln, dann rufen Sie die Menüfolge erneut auf, wählen im Dialogfenster in der untersten Liste den gewünschten Katalog aus und bestätigen mit *Öffnen*.

Fotos aus Dateien und Ordnern laden

Damit Sie gleich loslegen können, sollten Sie beim ersten Start zunächst den *Organizer* einrichten und den Speicherort der zu verwendeten Fotos angeben. Bestätigen Sie also die Frage, ob Sie den Speicherort der zu verwendeten Fotos angeben möchten, mit *Ja*.

Hinweis

Haben Sie das Dialogfenster aus Versehen geschlossen, wählen Sie die Menüfolge *Datei/Fotos und Videos laden/Aus Dateien und Ordner* an, um in das gleiche Dialogfenster zu gelangen.

1 Im folgenden Dialogfenster stellen Sie im Listenfeld hinter der Bezeichnung *Suchen in* zunächst das gewünschte Laufwerk und dann das Verzeichnis ein, in dem sich Ihre Bilder befinden.

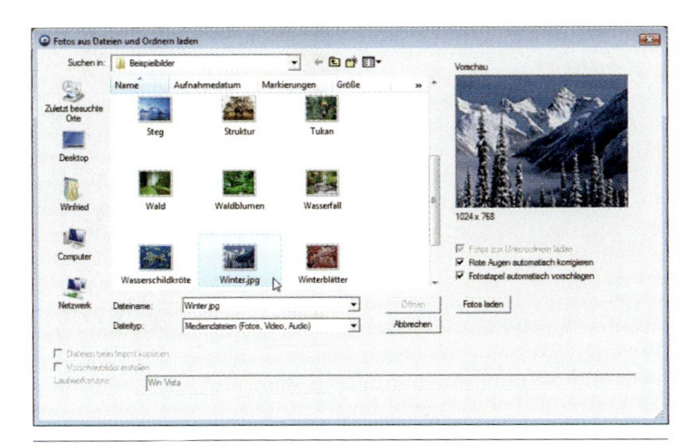

Wählen Sie erst den Ordner und dann die Datei aus.

2 Anschließend müssen Sie nur noch die betreffende Datei markieren und erhalten zur besseren Orientierung dann auf der rechten Seite eine Voransicht des Bildes.

Tipp

Möchten Sie einen kompletten Ordner in den *Organizer* übernehmen, dann müssen Sie zunächst über die Schaltfläche *Eine Ebene nach oben* in das übergeordnete Verzeichnis wechseln. Dort angekommen, markieren Sie den betreffenden Ordner und aktivieren das Kontrollkästchen *Fotos aus Unterordnern laden*.

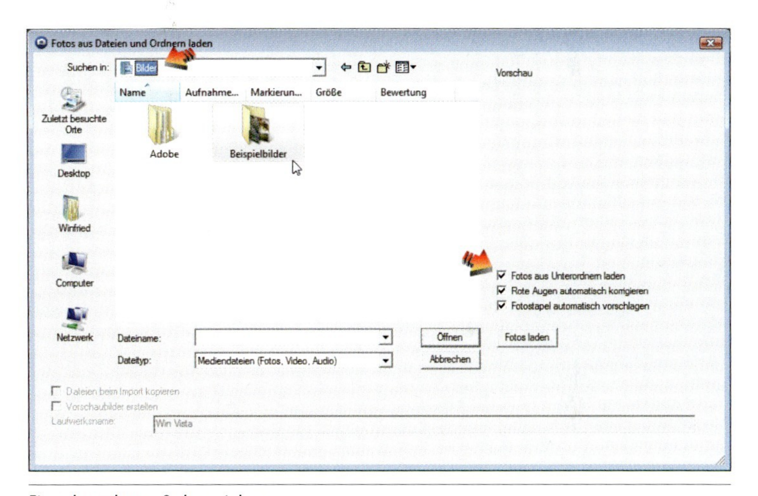

Einen kompletten Ordner einlesen

3 Haben Sie alle Dateien, die Sie aufnehmen wollen, bzw. den Ordner gewählt, dann klicken Sie auf die Schaltfläche *Fotos laden*.

Photoshop Elements nimmt nun seine Arbeit auf und beginnt mit dem Laden der Bilder. Das kann – je nach Umfang – wenige Sekunden bis zu einer Stunde dauern. Dabei werden gegebenenfalls sogar gefundene rote Augen automatisch korrigiert.

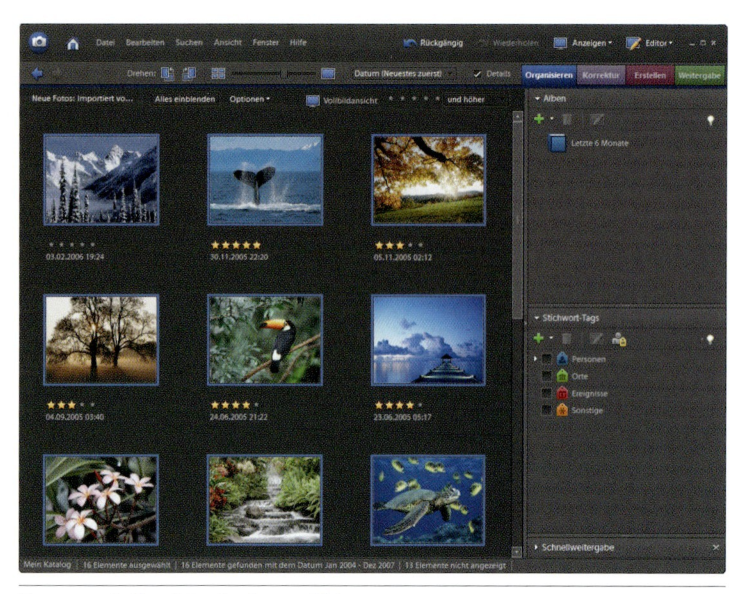

Die neu von der Festplatte eingelesenen Bilder

Fotos aus Kamera oder Kartenleser herunterladen

Besitzen Sie eine Digitalkamera, dann übertragen Sie die Bilder am besten direkt auf Ihren PC. Wie Sie gleich sehen werden, müssen Sie keine großartigen Einstellungen vornehmen, denn das Programm ist so eingestellt, dass die Bilder nahezu automatisch übernommen werden.

1 Dazu verbinden Sie entweder Ihre Kamera direkt mit dem Computer, d. h., Sie stecken den Stecker in die USB-Schnittstelle Ihres Rechners und schalten die Kamera ein, oder Sie stecken die Speicherkarte Ihrer Kamera in ein angeschlossenes Lesegerät.

Erkennt Ihr Rechner Ihre Kamera, erscheint das Dialogfenster *Automatische Wiedergabe.*

2 Klicken Sie hier auf den Hyperlink *Organisieren und Bearbeiten mit Adobe Photoshop Elements 6.0.*

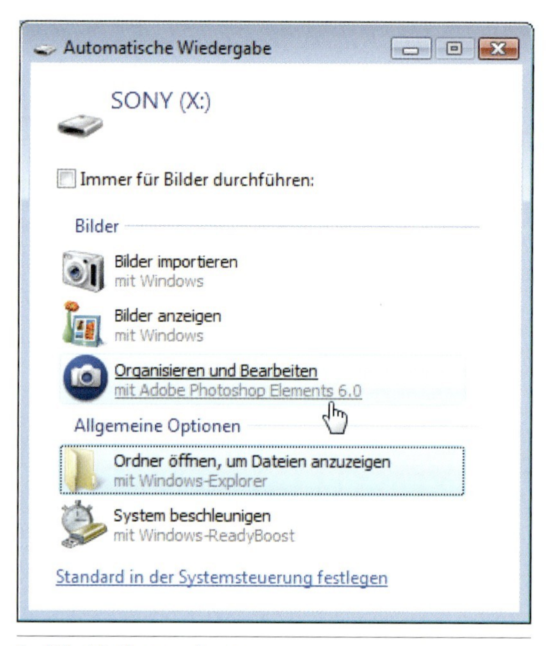

Der PC hat die Kamera erkannt.

Sie erhalten das Dialogfenster *Foto-Downloader.*

Tipp

Sollte das Fenster nicht erscheinen, dann können Sie es auch über die Menüreihenfolge *Datei/Fotos laden/Aus Kamera oder Kartenleser* aufrufen.

Photoshop Elements durchsucht daraufhin den angezeigten Datenträger (Listenfeld *Fotos laden aus*) und zeigt die gefundenen Bilder im Vorschaubereich an, den Sie durch Anklicken der Schaltfläche *Erweitertes Dialogfenster* erhalten.

Haben Sie zudem Fotos im Hochformat aufgenommen, werden die Schaltflächen zum Drehen aktiviert, sobald Sie ein solches Foto markieren. Ein Klick auf die gewünschte Richtung dreht anschließend die Bilder beim Import.

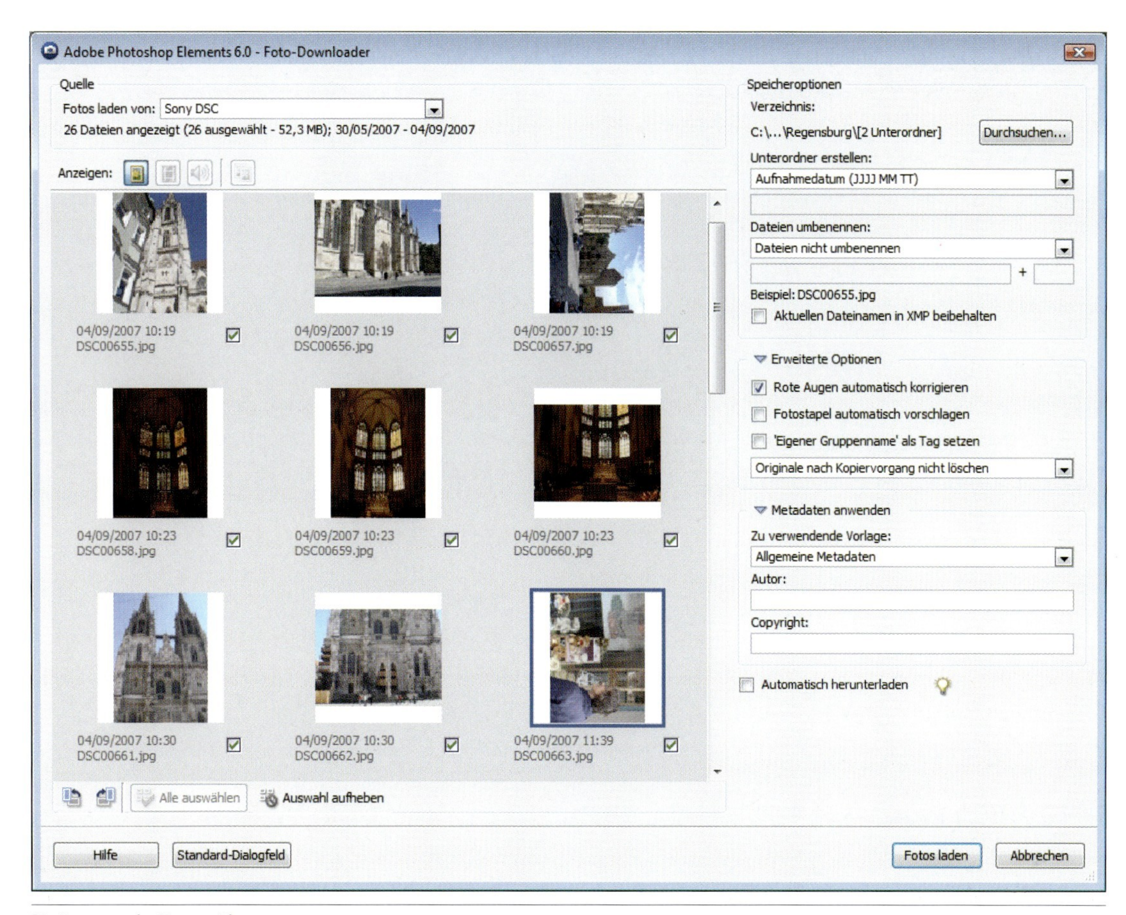

Die Fotos von der Kamera übertragen

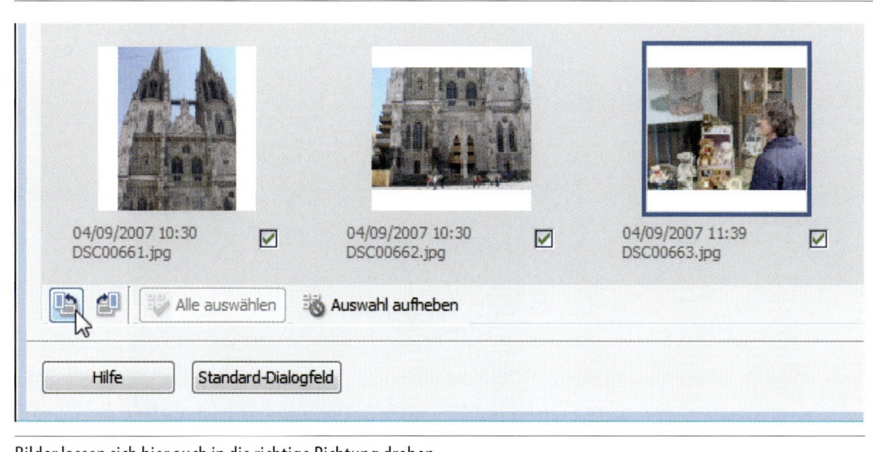

Bilder lassen sich hier auch in die richtige Richtung drehen.

Standardmäßig hat Photoshop Elements zudem alle Bilder markiert, weil es davon ausgeht, dass Sie alle übernehmen wollen. Möchten Sie beispielsweise ein verwackeltes Bild nicht übernehmen, können Sie dessen Kontrollkästchen auch deaktivieren.

1 Als Nächstes werden Sie den Speicherort der Dateien bestimmen.

Stellen Sie über die Schaltfläche *Durchsuchen* das gewünschte Verzeichnis auf Ihrem Computer ein und nehmen Sie gegebenenfalls die weiteren Einstellungen vor.

So können Sie beispielsweise bei jedem neuen Import einen Unterordner erstellen lassen, der entweder das Datum und die Uhrzeit des Imports oder einen von Ihnen gewählten Namen erhält. Dazu können Sie das Kontrollkästchen für *Rote Augen automatisch korrigieren* aktivieren, um sich später diese Arbeit zu sparen.

Haben Sie alle Einstellungen vorgenommen, geht es los.

2 Klicken Sie auf die Schaltfläche *Fotos laden* und Photoshop Elements beginnt mit dem Ladevorgang.

Die Fotos werden geladen.

Die Dauer des Vorgangs können Sie anhand eines Fortschrittbalkens beobachten, der Ihnen in einem kleinen Hinweisfenster angezeigt wird.

Die neu importierten Bilder werden Ihnen im *Organizer* angezeigt. Durch einen Rechtsklick auf den Eintrag *Neue Fotos: importiert von…* erhalten Sie Informationen, wann Sie diese Dateien importiert haben.

Wenn Sie in die gewohnte Ansicht zurückkehren wollen, klicken Sie an dieser Stelle auf die Schaltfläche *Alles einblenden*.

Fotos vom Scanner laden

Bilder, die Ihnen in gedruckter Form vorliegen, müssen Sie mithilfe eines Scanners auf Ihren Rechner kopieren, bevor Sie sie öffnen können. Dabei werden die Bilder in eine Matrix einzelner Bildpunkte (eben die Pixel) zerlegt.

1 Schalten Sie zunächst Ihren Scanner ein, damit Photoshop Elements ihn erkennen und steuern kann.
2 Wählen Sie nun die Befehlsreihenfolge *Datei/Fotos laden/Vom Scanner*.

Es erscheint das Dialogfenster *Fotos von Scanner laden*.

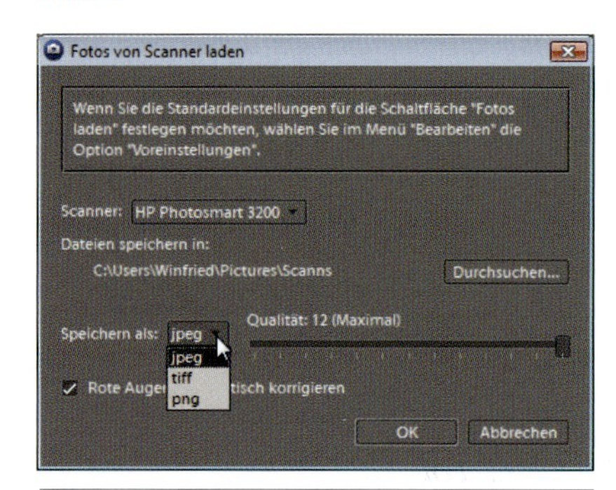

Die Einstellungen für den Scanvorgang festlegen

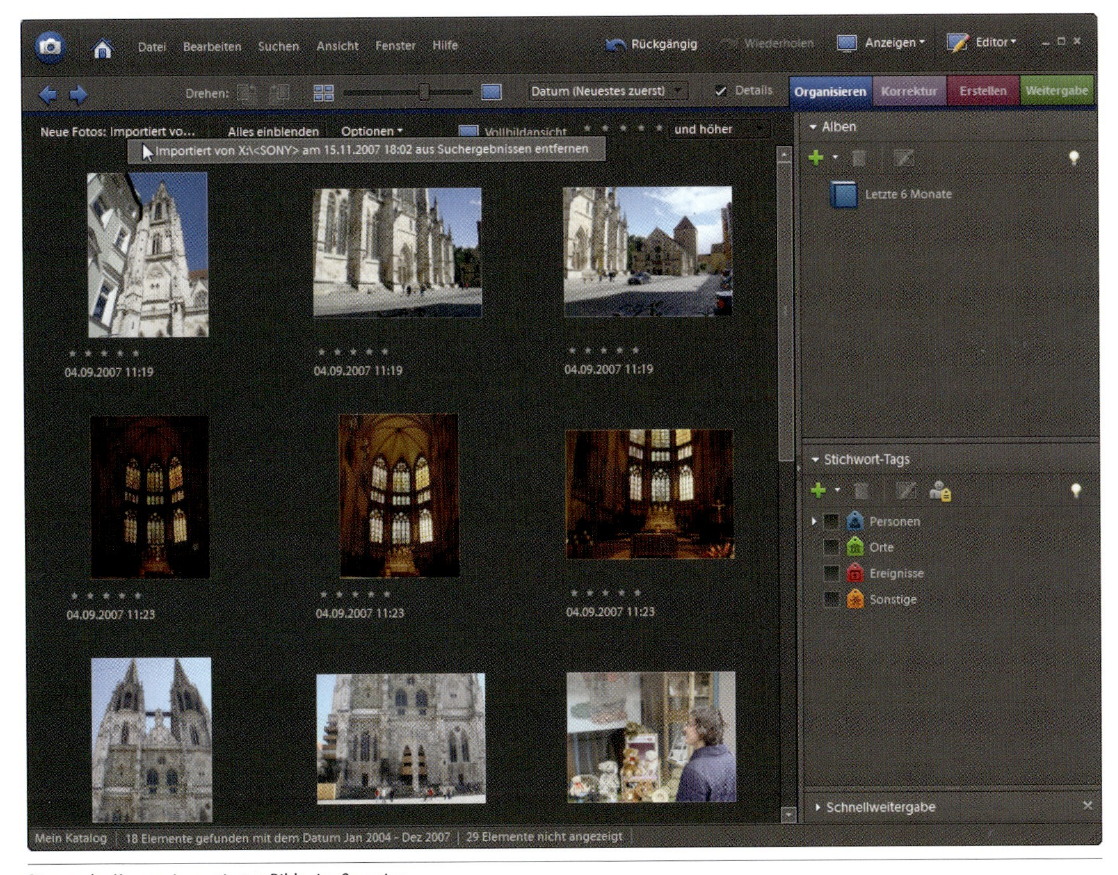

Die von der Kamera importierten Bilder im *Organizer*

Korrigieren Sie gegebenenfalls im Feld *Scanner* den angeschlossenen Scannertyp.

Passen Sie falls notwendig den vorgegebenen Speicherort an. Klicken Sie auf die Schaltfläche *Durchsuchen* und wählen Sie einen anderen Ordner aus, in dem die Bilddateien gespeichert werden sollen.

Anschließend müssen Sie sich noch entscheiden, in welchem Format der Scan abgelegt werden soll.

Im Listenfeld *Speichern als* finden Sie die folgenden Optionen:

- *JPEG*: Dieses Format (die Abkürzung steht für *J*oint *P*hotographics *E*xperts *G*roup) eignet sich in der Regel am besten für Fotos und Bilder mit kontinuierlichen Farbtönen. Es kann fotorealistische Farbpaletten behandeln und die Bilder sehr gut komprimieren. Allerdings ist diese Art der Komprimierung mit einem Qualitätsverlust verbunden. Dieser beruht auf dem Löschen von Bildinformationen, die nicht wiederhergestellt werden können. Wegen der geringen Dateigrößen ist es das ideale Format für Fotos, die Sie ins Internet stellen wollen. Den Qualitätsfaktor stellen Sie über den Schieberegler ein.

Es steht Ihnen dabei die Spanne zwischen Niedrig und Maximal zur Auswahl.

- *TIFF*: Dieses Format (*T*agged-*I*mage *F*ile *F*ormat) ist sehr verbreitet. Es wird zum Austausch von Dateien zwischen Anwendungen und Computer-Plattformen verwendet. So gut wie alle Desktop-Scanner können TIFF-Bilder erstellen. Photoshop Elements speichert diese Dateien unkomprimiert ab, weshalb sie sich hervorragend für das Be- und Verarbeiten eignen.
- *PNG*: Das Format *P*ortable *N*etwork *G*raphics gilt als Nachfolger des GIF-Formats. Es wird für die Speicherung und Übertragung von Bitmap-Bildern verwendet und wurde 1995 für das Internet und andere Netzwerke entwickelt. Einer der Vorteile ist, dass es keine Patentgebühren erfordert und ein sogenanntes Public-Domain-Bildformat ist. Zudem bietet es gegenüber GIF und JPEG den Vorteil, die Vorzüge beider Bildformate zu vereinigen. So unterstützt dieses Format ebenfalls eine Farbtiefe von 24 Bit (16,7 Millionen Farben), verwendet jedoch eine verlustfreie Methode für die Komprimierung der Dateien. Anders als bei JPEG werden hier alle Bildinformationen beibehalten, es arbeitet also verlustfrei und kann sogar Bilder mit bis zu 48 Bit pro Pixel speichern. Darüber hinaus unterstützt es Interlacing, d. h. der Betrachter kann das gesamte Bild sehen, bevor es vollständig aus dem Internet heruntergeladen wird. Bestimmte Stellen können Sie sogar transparent stellen.

3 Nachdem Sie Ihre Wahl getroffen haben, klicken Sie auf *OK*.

Sie erhalten das Dialogfenster, in dem Sie die Art des Bildes auswählen können, das gescannt werden soll.

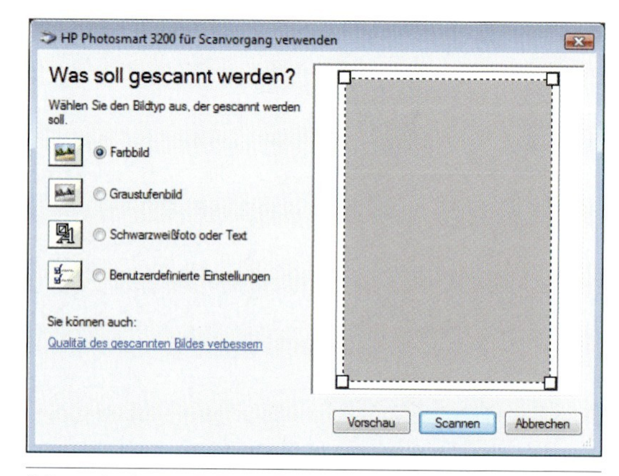

Nehmen Sie die Einstellungen für die zu scannende Vorlage vor.

Hier finden Sie die Einstellungsmöglichkeiten für die zu verwendende Farbtiefe, also die Einstellungen, wie die Farben der zu scannenden Bilder festgelegt werden sollen. Sie können wählen zwischen:

- *Farbbild*: Das ist die Standardeinstellung für das Scannen von Farbbildern. Hierbei werden die Bilder im sogenannten RGB-Modell erfasst. Die Abkürzung RGB steht für die Farben *R*ot, *G*rün und *B*lau. Bei diesem Modell wird jedem Pixel ein Wert zwischen 0 und 255 für die einzelnen RGB-Komponenten in einem Farbbild zugewiesen. Für eine leuchtend rote Farbe beträgt beispielsweise der Rot-Wert 246, der Grün-Wert 20 und der Blau-Wert 50. Beträgt der Wert aller Komponenten 255, entsteht reines Weiß, bei einem Wert von 0 reines Schwarz. Mithilfe dieser drei Farben können bis zu 16,7 Millionen Farben auf dem Bildschirm dargestellt werden.

- *Graustufenbild*: Wählen Sie diese Option, wenn Sie Graustufenbilder einscannen möchten. Bei diesem Modus sind bis zu 256 Grauschattierungen möglich. Das wird dadurch erreicht, dass jedem Pixel ein Helligkeitswert zwischen 0 (Schwarz) und 255 (Weiß) zugewiesen wird.
- *Schwarzweißfoto oder Text*: Diese Einstellung nehmen Sie für Texte oder einfache Strichzeichnungen. Dieser Modus verwendet für die Darstellung der Pixel in einem Bild einen von zwei Farbwerten (Schwarz oder Weiß).

4 Wenn Sie die *Qualität des gescannten Bildes verbessern* möchten, klicken Sie auf den Hyperlink am unteren Rand des Fensters.

Sie erhalten das Dialogfenster *Erweiterte Eigenschaften*, in dem Sie die Scanauflösung erhöhen und auch Anpassungen der Helligkeit und des Kontrasts vornehmen können.

Achten Sie auf die Auflösung!

Beim Scannen spielt vor allem die Wahl der richtigen Auflösung eine entscheidende Rolle. So kann sich eine zu niedrige Auflösung sehr negativ auf die Bildqualität auswirken, während eine zu hohe Auflösung zu sehr speicherintensiven Bildern führen kann, die rasch die Systemressourcen Ihres Computers verringern können.

Die Auflösung bezeichnet zunächst ganz allgemein die Anzahl der Bildpunkte, aus denen sich ein Bild zusammensetzt. Sie bezieht sich immer auf eine Strecke von einem Inch und hat die Maßeinheit dpi (*d*ots *p*er *i*nch). Übersetzt heißt das Bildpunkte pro Zoll, wobei ein Zoll 2,54 Zentimetern entspricht. Dpi bezeichnet also die Anzahl der Bildpunkte, die für eine Strecke von einem Zoll verwendet wird.

Ein Bild von einer Größe von 1 Zoll x 1 Zoll und einer Auflösung von 100 dpi besteht folglich aus 100 Pixel x 100 Pixel, also insgesamt 10.000 Pixeln. Da beim Speichern jeder einzelne Pixel gesichert werden muss, sind diese Bilder sehr speicherintensiv.

Die Anzahl der Bildpunkte wird also beim Scannen festgelegt, daher müssen Sie Folgendes beachten:

- Vergrößert man ein eingescanntes Bild, müssen die Abstände zwischen den Bildpunkten vergrößert werden. Zwar kann man mithilfe der sogenannten Interpolation neue Pixel einfügen, diese berechnen ihren Farbwert jedoch als Mittelwert anhand der umgebenden Pixel. In beiden Fällen kommt es somit zu einem Qualitätsverlust des gesamten Bildes. Deshalb gilt die Faustregel, je höher man die Auflösung beim Scannen einstellt, umso mehr Details werden dargestellt.

- Verkleinert man das Bild, fallen Bildpunkte weg. Auch hierdurch kommt es zu einer Verschlechterung des Bildmaterials, denn es fallen ja Bildinformationen weg.

Sicherlich werden Sie sich jetzt fragen, welches die richtige Auflösung ist. Die gibt es (leider) nicht. So oder so müssen Sie sich zunächst im Klaren sein, was Sie mit dem eingescannten Bild tun wollen, und müssen dann in jedem Fall einen Kompromiss eingehen.

Die beim Scannen zu verwendende Auflösung hängt zum einen von der Auflösung des jeweiligen Ausgabegeräts ab, zum anderen kommt es darauf an, ob das Bild in der gescannten Originalgröße vergrößert oder verkleinert werden soll.

Möchten Sie das Bild auf einem Drucker ausgeben, müssen Sie dessen Rasterweite (die Ausgabequalität) ermitteln. Diese wird in *l*ines *p*er *i*nch (lpi) angegeben und bewegt sich zwischen 55 und 200 lpi. Im deutschsprachigen Raum werden Sie diese Bezeichnung allerdings seltener finden. Hier spricht man von Einheiten pro Zentimeter. So entsprechen 150 lpi einem 60er Raster. Diesen Wert erhalten Sie, indem Sie 150 einfach durch 2,54 teilen.

Des Weiteren müssen Sie beachten, dass bei einer professionellen Reproduktion Halbtöne nicht direkt erzeugt werden können und deshalb Graustufen- und Farbflächen in Rasterpunkte zerlegt werden. Zur Bildung jedes Ausgabe-Rasterpunkts sollte mindestens ein gescannter Pixel zur Verfügung stehen. Da die Rasterpunkte in einem Winkel angeordnet werden, verwendet man besser zwei Pixel pro Rasterpunkt. Die Anzahl der Pixel, die pro Rasterpunkt zur Verfügung steht, bezeichnet man als Qualitätsfaktor.

Für eine gute Ausgabequalität im 60er-Raster (150 lpi) sollten Sie deshalb die Vorlage mit Qualitätsfaktor 2 scannen, das entspricht einer Scanauflösung von 300 dpi (60er Raster = 150 lpi x 2 = 300 dpi). Möchten Sie Bilder in Originalgröße reproduzieren, sollten Sie die folgenden Standardwerte als Orientierungshilfe für die Scanauflösung verwenden:

- *Webanwendung*
  72 dpi
- *600 dpi-Tintenstrahl- oder Laserdrucker*
  180 dpi
- *Multimedia-Anwendung (Bildschirm)*
  96 dpi
- *Offsetdruck mit 60er-Raster*
  300 dpi

5 Klicken Sie auf *Vorschau*, um einen Probescan durchzuführen.

Einen Probescan machen und anpassen.

Ist dies geschehen, können Sie das gescannte Bild mithilfe der kleinen Rechtecke um den gewünschten Ausschnitt bei Bedarf beschneiden und den Scan auf das Wesentliche beschränken.

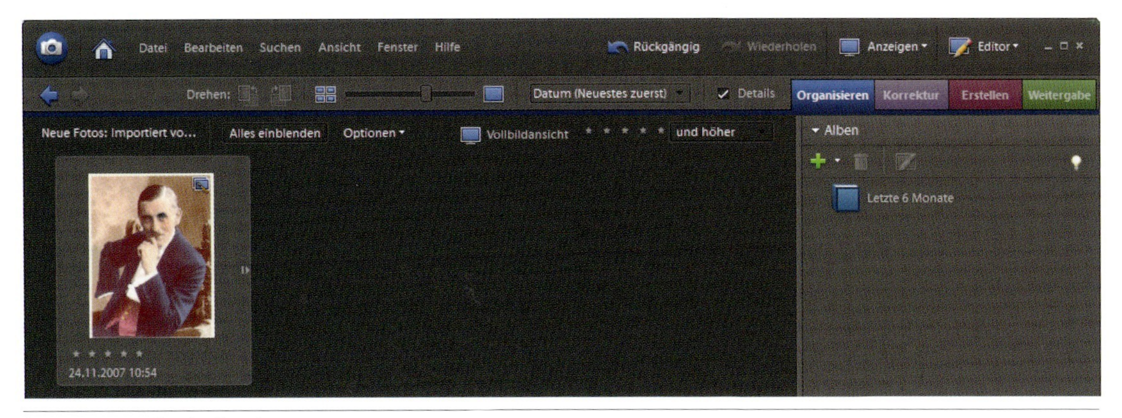

Das eingescannte Foto im *Organizer*

6 Danach klicken Sie noch auf *Scannen* und schauen dem Scanner bei der Arbeit zu, wie er das Bild an Photoshop Elements überträgt und im *Organizer* platziert.

Fotos von sonstigen Quellen übernehmen

Photoshop Elements kann darüber hinaus auch Bilder von den immer beliebter werdenden Fotohandys oder direkt von Ihrer Festplatte übernehmen.

Bilder vom Handy auf den PC kopieren

Wenn Sie ein Handy mit einer integrierten Kamera besitzen, können Sie die Fotos aus diesem Handy auf die gleiche Art und Weise wie von einer gewöhnlichen Digitalkamera in den Katalog importieren.

Dazu müssen Sie lediglich die Menüreihenfolge *Datei/Fotos laden/Vom Handy* aufrufen. Nach einem Klick auf *OK* werden die Fotos geladen und im *Organizer* platziert.

Fotos in Ordnern suchen und laden

Wenn Ihnen das einzelne Einbinden Ihrer Bilder in den *Organizer* zu umständlich und zeitraubend ist, dann verwenden Sie die Funktion *Fotos in Ordnern suchen und laden*, die Sie über den Menüpunkt *Datei/Fotos und Videos laden* aufrufen können.

Im folgenden Dialogfenster stellen Sie gegebenenfalls im Feld *Suchen in* noch ein, ob Sie die Bilder von einem bestimmten Laufwerk oder von allen Festplatten aufnehmen möchten.

Mit einem Klick auf *Suchen* geht es dann los. Sie können die Suche mit einem Klick auf *Suchvorgang anhalten* jederzeit stoppen.

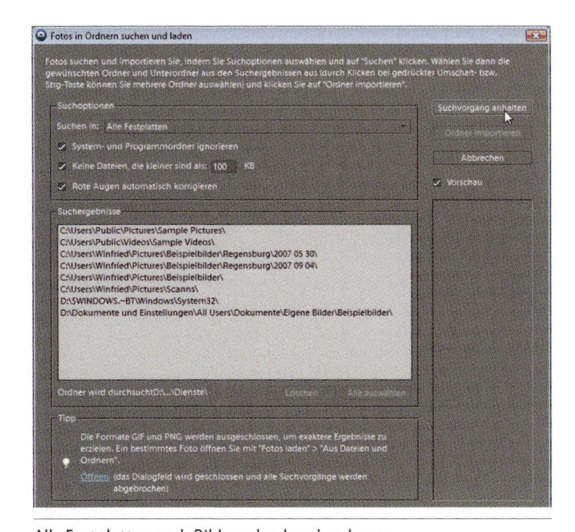

Alle Festplatten nach Bildern durchsuchen lassen

Halten Sie Ordnung im System

Haben Sie auch schon einmal verzweifelt ein Bild gesucht? Je mehr Fotos Sie besitzen, desto unübersichtlicher wird die Sammlung. Doch mit den Tools von Photoshop Elements bewahren Sie stets den Überblick.

Passen Sie die Vorschaubilder an

Wie Sie bislang gesehen haben, finden Sie alle Bilder in Form einer kleinen Vorschaugrafik nebst Datum der Aufnahme aufgelistet. Ist das nicht der Fall, dann sollten Sie das Kontrollkästchen *Details* aktivieren.

Die Größe der einzelnen Vorschaubilder können Sie durch den Schieberegler in der Mitte der Symbolleiste anpassen. Wenn Sie den Regler nach links bewegen, erhalten Sie einen besseren Überblick, da die Vorschaubilder kleiner werden. Das Ziehen nach rechts führt zur besseren Detailansicht, da die Vorschaubilder größer werden. Klicken Sie auf die linke Schaltfläche, dann erhalten Sie kleine Vorschaubilder. Klicken Sie dagegen auf die Schaltfläche auf der rechten Seite, wird das gegenwärtig markierte Bild als Einzelbild gezeigt.

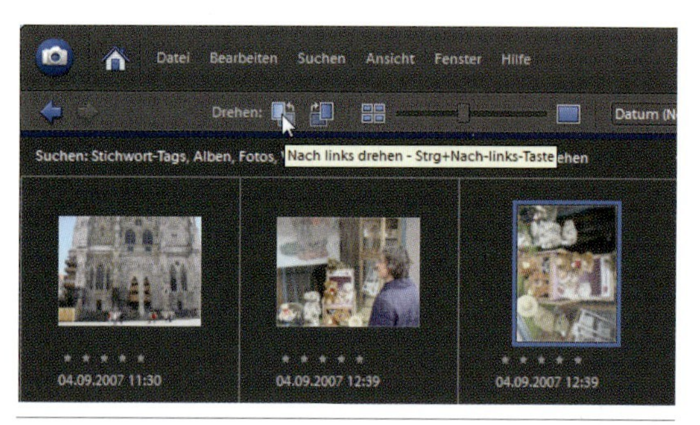

Wechseln vom Quer- zum Hochformat

Bilder im Hochformat, die Ihnen im Querformat angezeigt werden, können Sie in dieser Ansicht bequem drehen.

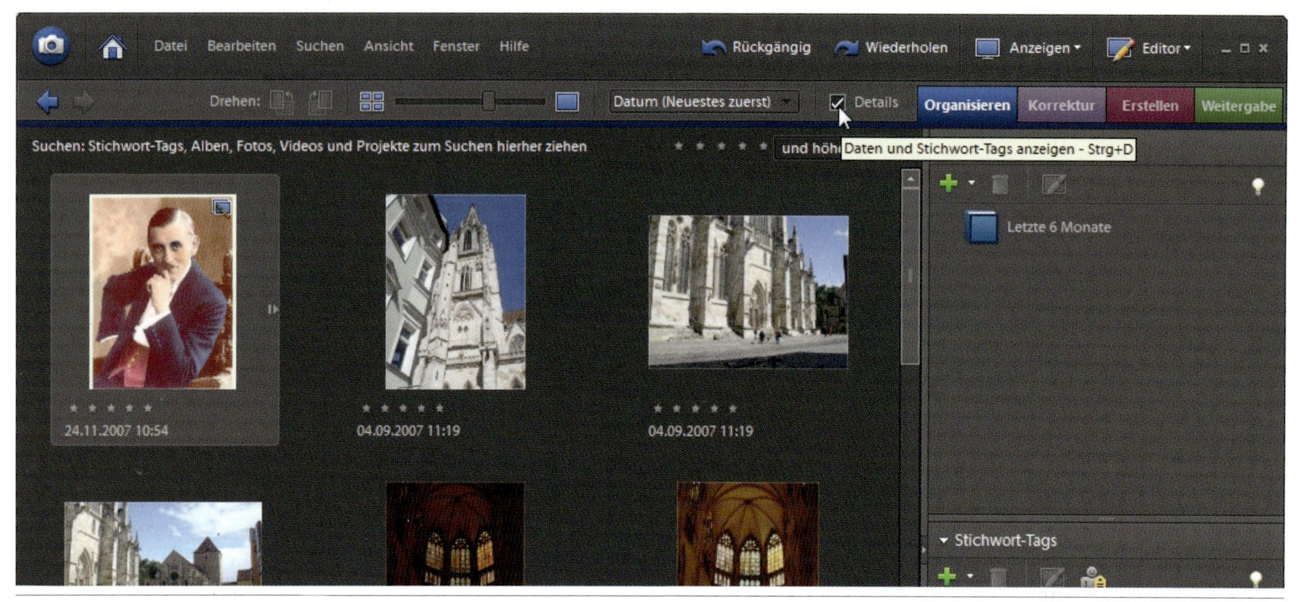

Die Details der Bilder anzeigen.

Tipp

Möchten Sie weitere Informationen zu den Bildern erhalten, dann sollten Sie das Menü *Ansicht* anwählen. Hier finden Sie u. a. Optionen zum Einblenden der Dateinamen oder von Rasterlinien.

Dazu müssen Sie lediglich auf das betreffende Bild klicken und anschließend auf die Schaltfläche, die die Drehung in die gewünschte Richtung vornimmt.

Legen Sie die Sortierreihenfolge fest

Möchten Sie eine andere Sortierreihenfolge festlegen, können Sie das ganz einfach tun. Am oberen Rand des Fensters finden Sie ein entsprechendes Listenfeld.

Legen Sie die Sortierreihenfolge fest.

Dieses bietet Ihnen folgende Möglichkeiten an:

- *Datum (Neuestes zuerst)*: Das ist die Standardeinstellung, denn dadurch werden alle Bilder in der Reihenfolge ihrer Aufnahme aufgelistet. Das aktuellste steht hier am Anfang.
- *Datum (Ältestes zuerst)*: Diese Option kehrt die Reihenfolge um, sodass das Bild mit dem ältesten Aufnahmedatum zuerst in Ihrem Katalog angezeigt wird. Stichwörter erleichtern die Suche

Die im *Organizer* enthaltenen Bilder können mit Stichwörtern, sogenannten Tags, versehen werden, die später die Suche erheblich erleichtern. So können Sie Ihre Bilder nach Kategorien unterteilen und so später alle markierten Bilder themenbezogen schneller auffinden.

Stichwörter vergeben

Alles, was Sie für das Erstellen solcher Stichwörter benötigen, finden Sie im Bereich *Stichwort-Tags* auf der rechten Seite des Dialogfensters.

Der Bereich für die Stichwörter

Tipp

Sollte der Bereich nicht sichtbar sein, können Sie ihn über *Fenster/Aufgabenbedienfeld einblenden* sichtbar machen.

Der Stichwort-Dialog enthält bereits vier Kategorien: *Personen*, *Orte*, *Ereignisse* und *Sonstige*.

Um dem Bild eines dieser vorhandenen Tags zuzuweisen, müssen Sie lediglich auf das Symbol zeigen und es dann auf das betreffende Bild ziehen.

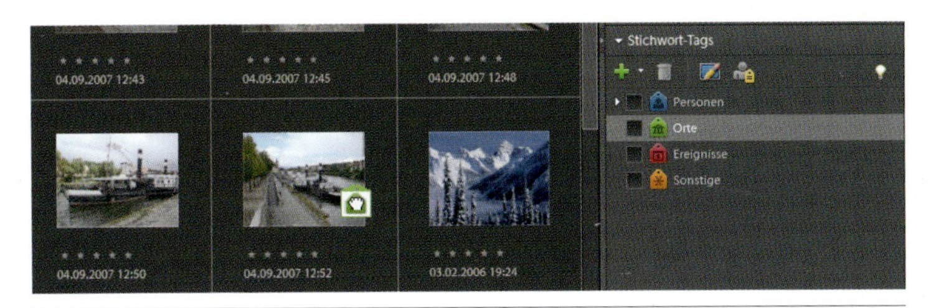

Das Stichwort auf ein Bild ziehen

Photoshop Elements platziert zunächst das Tag auf dem Bild, bevor es unterhalb des Fotos angezeigt wird.

Ein mit einem Tag versehenes Bild

Tipp

Möchten Sie das Tag auf eine Reihe von zusammengehörigen Bildern auf einen Schlag anwenden, dann müssen Sie diese zunächst mit gedrückter [Strg]-Taste markieren und dann das Tag auf ein beliebiges der markierten Bilder ziehen.

Wenn Sie beispielsweise viele Städte besuchen und dementsprechend über viele Fotos dieser Kategorie verfügen, macht es Sinn, zu einem Tag eine Unterkategorie zu bilden.

1 Klicken Sie dazu auf den Listenpfeil des grünen Pluszeichens und wählen Sie den Eintrag *Neue Unterkategorie*.

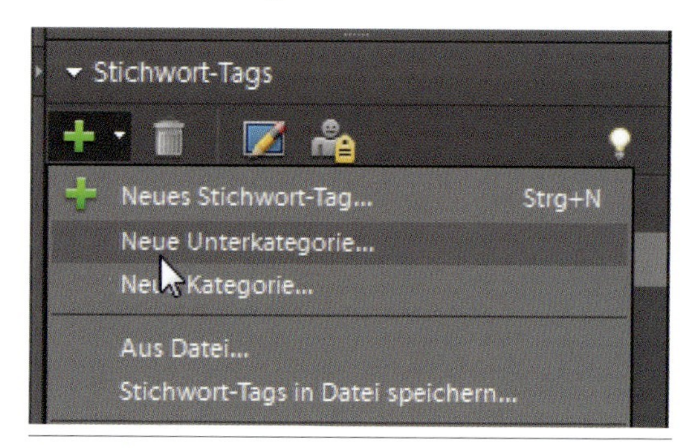

Eine neue Unterkategorie erstellen

2 Im folgenden Dialogfenster *Unterkategorie erstellen* tragen Sie einen Namen in das Feld *Unterkategoriename* ein.

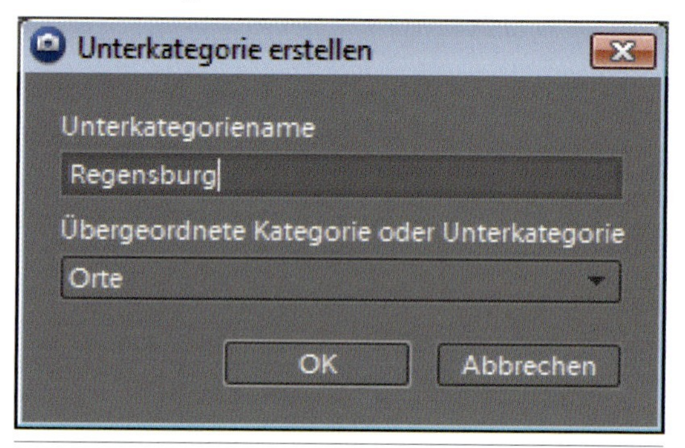

Der Unterkategorie einen Namen geben

3 Wenn Sie anschließend mit *OK* bestätigen, wird die Unterkategorie direkt unterhalb des Tags angezeigt.

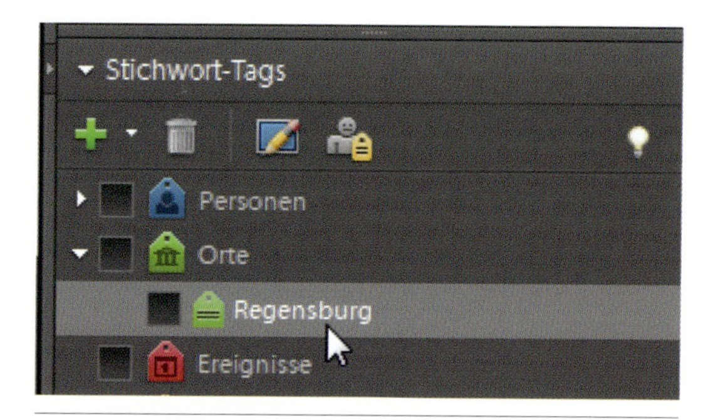

Die neue Unterkategorie erscheint.

4 Anschließend müssen Sie dieses Stichwort den entsprechenden Bildern nur noch – wie oben gezeigt – durch einfaches Drag & Drop zuweisen.

Welch großer Vorteil in der Zuweisung von Tags steckt, wird deutlich, wenn Sie sich einmal alle Bilder eines bestimmten Ortes anzeigen lassen wollen. Jetzt genügt nämlich ein Klick auf das kleine Kästchen vor dem Tag.

Mit einem Klick bekommen Sie zueinander gehörende Bilder angezeigt.

Weitere Kategorie anlegen

5 Sie müssen sich nicht auf die vier vorgegebenen Kategorien beschränken, sondern können weitere einrichten.

Klicken Sie dazu auf das grüne Pluszeichen und wählen anschließend den Menüpunkt *Neue Kategorie* aus.

6 Im folgenden Dialogfenster *Kategorie erstellen* tragen Sie einen *Kategorienamen* ein und wählen ein entsprechendes *Kategoriesymbol* aus.

Eine neue Kategorie erstellen

Tipp

Ist Ihnen die Liste zu lang geworden, dann können Sie sie über die kleinen Pfeile vor der Kategorienbezeichnung ein- und wieder ausklappen.

Nach einem Klick auf *OK* wird Ihnen diese neue Kategorie ganz unten in der Liste angezeigt.

Stichwörter speichern

Abschließend sollten Sie die Tags sichern, denn sie werden gegenwärtig nur im *Organizer* angezeigt. Rufen Sie die Befehlsfolge *Datei/Stichwort-Tag und Eigenschafteninformation mit Fotos speichern* auf.

Hinweis

Sollten Sie andere Dateitypen als *JPEG-*, *TIFF-* oder *PSD*-Dateien markiert haben, erhalten Sie einen Hinweis, dass die Tag-Informationen nur in diesen drei Formaten gespeichert werden können. Ein weiterer Klick auf *OK* startet dann den Vorgang.

Nehmen Sie sich dafür eine bisschen Zeit, denn der Vorgang kann, je nach Umfang der von Ihnen mit Stichwörtern versehenen Dateien, eine Zeit dauern.

Fassen Sie Ihre Bilder in Alben zusammen

Alben kommen immer dann zum Einsatz, wenn Sie für ein bestimmtes Projekt Bilder zusammenstellen wollen. Im Prinzip ist das Arbeiten mit Alben das Gleiche wie das Arbeiten mit Tags. Der einzige Unterschied liegt darin, dass die Zugehörigkeit zu den Sammlungen nicht mit in der Datei abgespeichert wird.

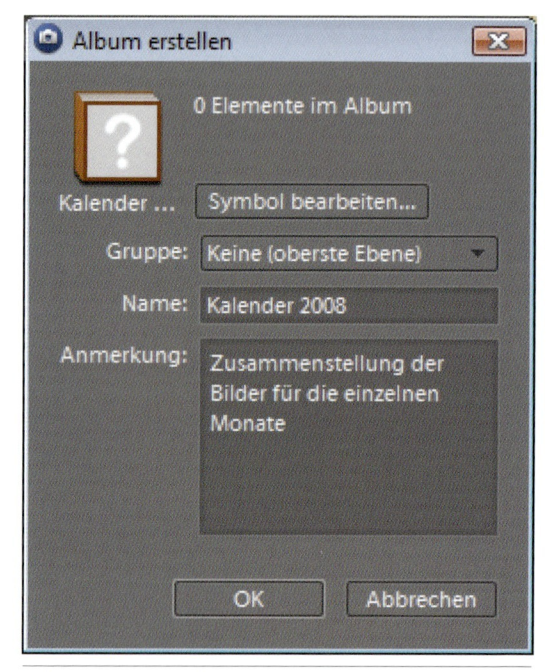

Die Informationen eines Albums

1. Um ein solches Album anzulegen, klicken Sie im Aufgabenbedienfeld *Alben* auf den Listenpfeil des grünen Pluszeichens und wählen den Menüeintrag *Neues Album*. Sie erhalten das Dialogfenster *Album erstellen*.

2. In diesem können Sie das Symbol bearbeiten und eine *Gruppe*, einen *Namen* sowie eine *Anmerkung* festlegen.

3. Mit *OK* beenden Sie den Vorgang.

4. Danach müssen Sie nur noch Ihr Album bestücken.

Hierzu zeigen Sie einfach im *Organizer* auf das Bild, das Sie verwenden möchten, und ziehen es auf das Symbol des Albums.

Wenn Sie das Album anschließend betrachten möchten, genügt ein Klick auf das Symbol.

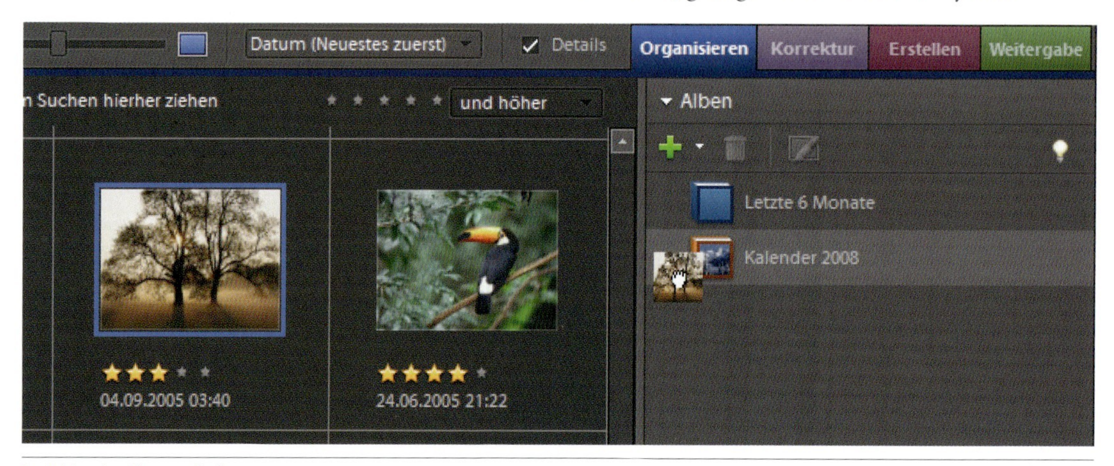

Ein Bild in das Album aufnehmen

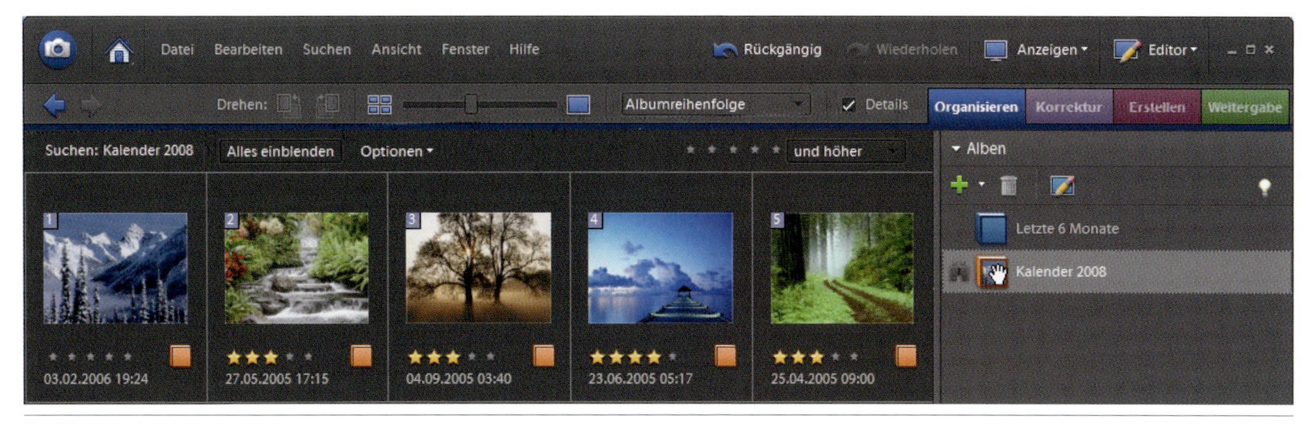

Das Album anzeigen

Bewahren Sie die Übersicht in Ihrer Sammlung

Je mehr Fotos Sie verwalten, desto unübersichtlicher wird die Sammlung. Doch mit Photoshop Elements können Sie rasch Ordnung ins System bringen und so die Suche nach Bildern vereinfachen.

Hierzu dient das *Eigenschaften*-Fenster, das Sie durch Aufruf des Menüs *Fenster/Eigenschaften* erhalten. Schneller geht es übrigens durch Drücken von [Alt]+[Enter].

Dieses Fenster schwebt zunächst frei auf dem Bildschirm, kann aber von Ihnen durch einen Klick auf die Schaltfläche *An Organizer-Bedienfeld andocken* in die Aufgabenbedienfeldleiste eingefügt werden.

Dieses Fenster besteht aus vier Bereichen, die Folgendes bewirken:

- *Allgemein*: In diesem Bereich können Sie dem Bild einen aussagekräftigen *Bildtitel* geben

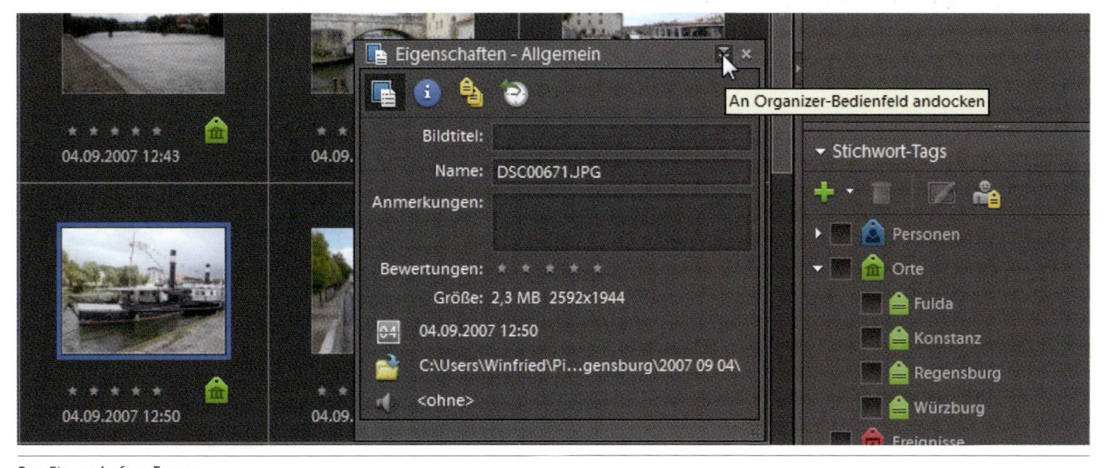

Das *Eigenschaften*-Fenster

oder ein paar Notizen in das Feld *Anmerkungen* einfügen. Zudem können Sie über die drei Schaltflächen am unteren Rand des Fensters *Datum und Uhrzeit* ändern, den *Pfad im Explorer anzeigen* oder einen *Audiokommentar hinzufügen oder ändern*.

- *Metadaten*: Im diesem Bereich erfahren Sie, mit welcher Kamera das Bild geschossen wurde. Zusätzlich werden wichtige Informationen wie Belichtung, Blende, Brennweite, die Verwendung eines Blitzes usw. in einer Zusammenfassung aufgelistet.

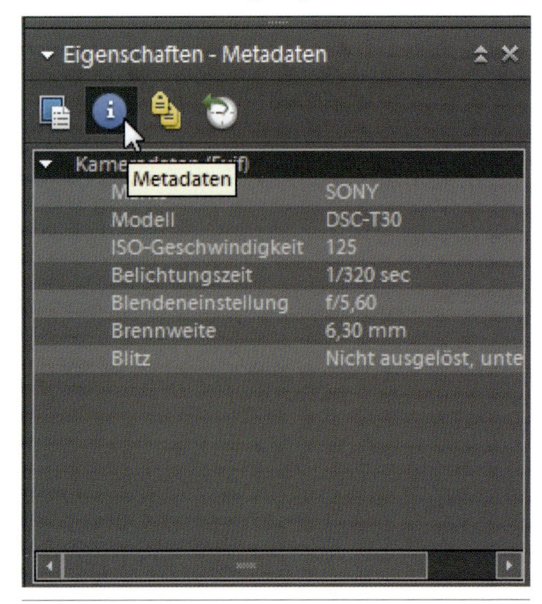

Die Metadaten eines Bildes

- *Stichwort-Tags*: Die weiter oben vergebenen Tags werden Ihnen im Bereich *Tags* angezeigt.
- *Verlauf*: An dieser Stelle finden Sie Angaben, um welche Version des Bildes es sich handelt und wann es importiert oder geändert wurde.

Bilder suchen leicht gemacht

Eine der zeitaufwendigen Arbeiten ist das Suchen von Bildern. Photoshop Elements bietet jedoch eine Reihe von Optionen an, wie das schneller von der Hand gehen kann.

Zeitreisen – wann haben Sie was fotografiert?

Wissen Sie noch, wann Sie welches Foto geschossen haben? Wenn ja, dann kann Ihnen die sogenannte Zeitleiste weiterhelfen, die Sie oberhalb der Vorschaubilder einblenden können.

Rufen Sie dazu die Menüfolge *Ansicht/Zeitleiste* auf. Schneller geht es über die Tastenkombination [Strg]+[L].

Deren Aussehen hängt übrigens von der verwendeten Sortierreihenfolge ab. So entspricht jedes Rechteck einem Aufnahmetag, einem Importstapel oder einem markierten Speicherpfad. Die gegenwärtig aktuelle Reihenfolge wird von einem Rahmen umgeben und in grüner Farbe dargestellt.

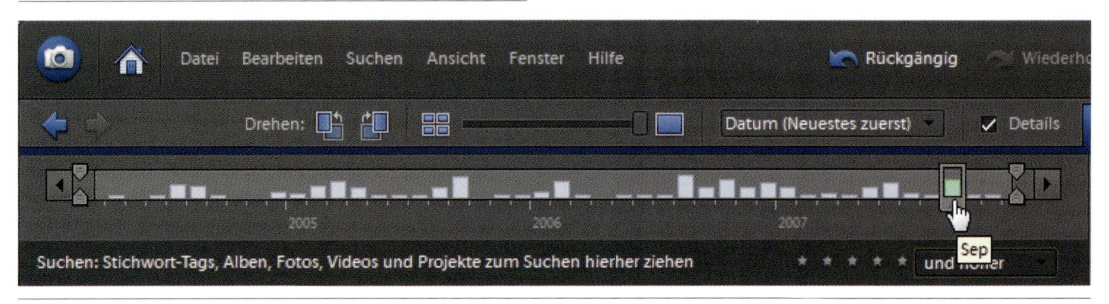

Die eingeblendete Zeitleiste hilft beim Suchen.

Wenn Sie einen Moment auf den unteren Anfasser des Rahmens zeigen, wird Ihnen eine kleine Quickinfo mit Angaben zu dem betreffenden Zeitraum bzw. Speicherort angezeigt.

Über die beiden Pfeilschaltflächen am linken und rechten Rand können Sie sich durch die Zeitachse bewegen.

Tipp

Da Sie sicherlich des Öfteren in diese Ansicht wechseln werden, sollten Sie sich die Tastenkombination [Strg]+[Alt]+[D] merken. Zurück in den Fotobrowser gelangen Sie übrigens über [Strg]+[Alt]+[O].

Wie Sie sicherlich eben bemerkt haben, ist die Suche nach Zeiträumen recht praktisch, denn häufig weiß man noch, dass man ein bestimmtes Bild an einem bestimmten Tag gemacht hat, kann sich aber nicht mehr an den Namen, geschweige denn den Speicherort erinnern.

In diesem Fall hilft die sogenannte *Datumsansicht* weiter. Diese erhalten Sie durch Anklicken der Schaltfläche *Anzeigen* und anschließender Anwahl des Menüpunkts *Datumsansicht*.

Zunächst wird Ihnen hier der aktuelle Monat angezeigt, wobei Ihnen für die Tage, an denen Sie Fotos geschossen haben, jeweils das erste Foto angezeigt wird.

Wenn Sie einen bestimmten Tag markieren, erhalten Sie dieses Foto auf der linken Seite in einer Vorschau angezeigt.

Haben Sie zu diesem Zeitpunkt mehrere Bilder gemacht, können Sie nun mithilfe der Schaltflächen, die sich unterhalb der Vorschau befinden, durch diese durchblättern. Mit einem Klick auf die mittlere Schaltfläche werden Ihnen die Vorschaubilder wie in einer Diashow angezeigt. Ein erneuter Klick auf diese Schaltfläche stoppt die Diashow dann wieder.

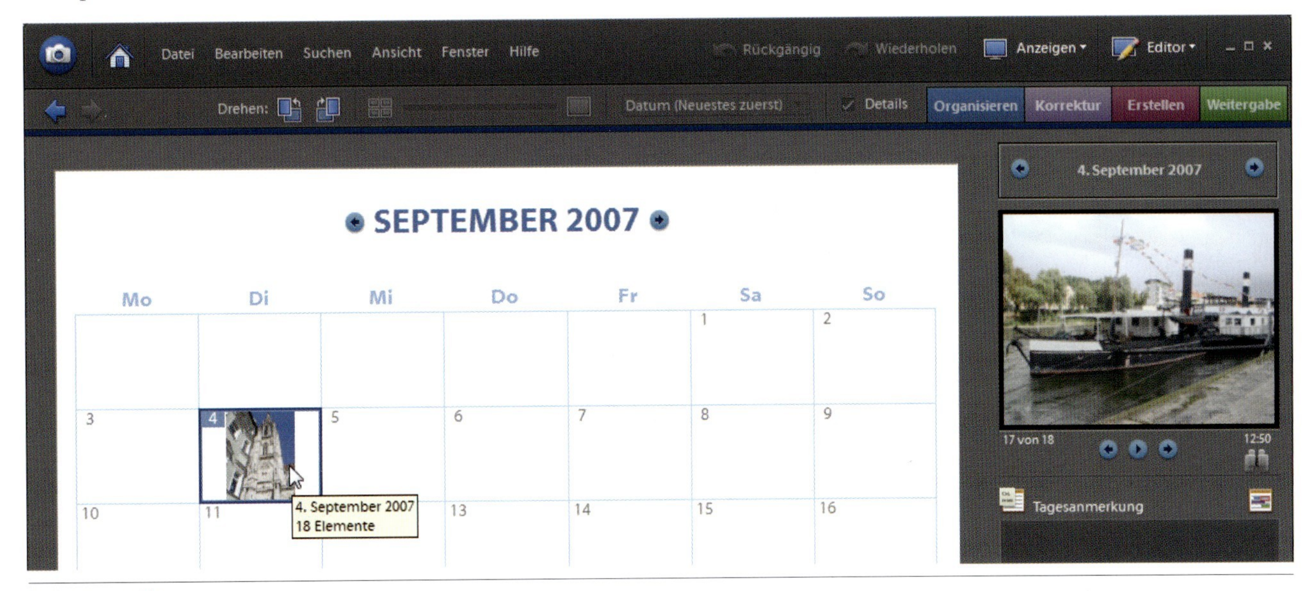

Die Datumsansicht

Eine Vorschau abspielen

Haben Sie auf diese Art und Weise ein bestimmtes Foto gefunden, können Sie es durch einen Klick auf das *Fernglas* im Fotobrowser suchen lassen.

An dieser Stelle können Sie aber auch gleich ein paar Notizen zu den Bildern abspeichern. Klicken Sie dazu in das Feld *Tagesanmerkung* und geben Sie einfach ein paar erklärende Worte ein.

Haben Sie an diesem Tag noch eine Bilderserie zu einem anderen Thema geschossen, dann verwenden Sie die rechte Schaltfläche *Neues Ereignis für den ausgewählten Tag erstellen*.

Unterhalb des Kalenders können Sie zwei weitere Darstellungsformen einstellen oder per Mausklick zwischen den Darstellungsformen *Jahr*, *Monat* oder *Tag* wechseln.

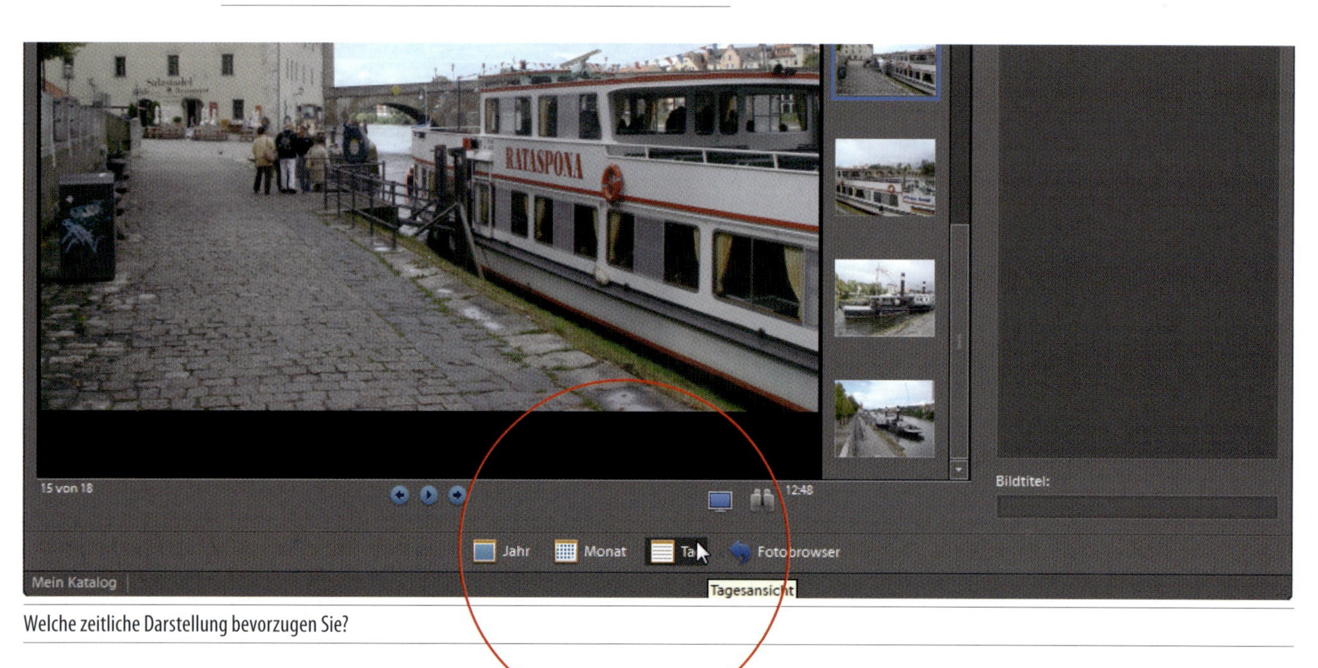

Welche zeitliche Darstellung bevorzugen Sie?

Tipp

Falls Sie sich für die Ansicht *Tag* entscheiden, können Sie durch einen einfachen Rechtsklick über das Kontextmenü das Bild auswählen, das als Tagesbild angezeigt werden soll.

Neben der raschen zeitlichen Suche bietet Ihnen die Datumsansicht noch den weiteren Vorteil, dass Sie einzelnen Tagen bestimmte Ereignisse wie Geburtstage oder Feiertage zuweisen können. Dieses geschieht in der Ansicht *Jahr*.

In dieser können Sie einige Feiertage leicht anhand der magentafarbenen Schrift ausmachen.

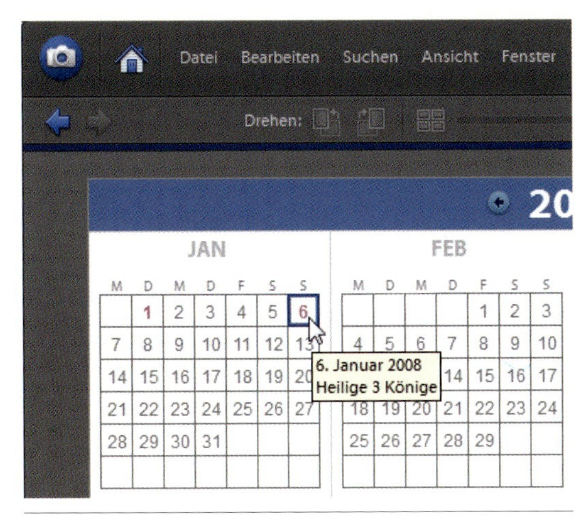

Feiertage in der Jahresansicht sind farblich hervorgehoben.

Sie können aber ganz einfach zu jedem Tag ein besonderes Ereignis hinzufügen.

Klicken Sie dazu mit der rechten Maustaste auf den besagten Tag. Im Kontextmenü wählen Sie den Menüpunkt *Ereignis hinzufügen* aus. Sie erhalten dadurch das Dialogfenster *Neues Ereignis erstellen*.

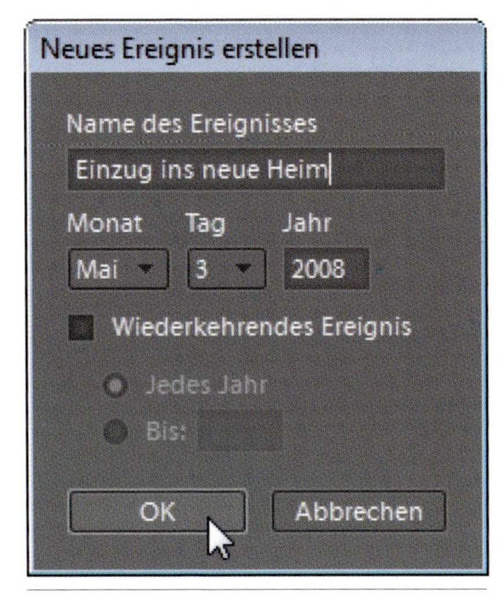

Ein neues Ereignis festlegen

In diesem können Sie im Feld *Name des Ereignisses* eine entsprechende Bezeichnung eingeben. Darunter befinden sich die Einstellungsfelder für den *Monat*, den *Tag* und das *Jahr*. Letzteres ist allerdings nur aktiv, wenn Sie das Kontrollkästchen *Wiederkehrendes Ereignis* deaktiviert haben und damit ein einmaliges Ereignis kennzeichnen wollen. Soll das Ereignis nur einen bestimmten Zeitraum umfassen, dann schalten Sie die Option auf *Bis* um und tragen das gewünschte Jahr in das nun freigegebene Feld ein. Mit einem Klick auf *OK* schließen Sie den Vorgang ab und können anschließend gleich das neue Ereignis im Kalender begutachten.

Ähnliche Bilder finden

Nicht immer werden Sie auf die gezeigte Art und Weise zum Ziel kommen. Sie brauchen jedoch nicht zu verzweifeln, denn im Menü *Suchen* finden Sie eine Reihe von Suchfunktionen für die unterschiedlichsten Zwecke. So können Sie nach Dateinamen, Tags, bestimmten Zeiträumen oder gar Gesichtern suchen.

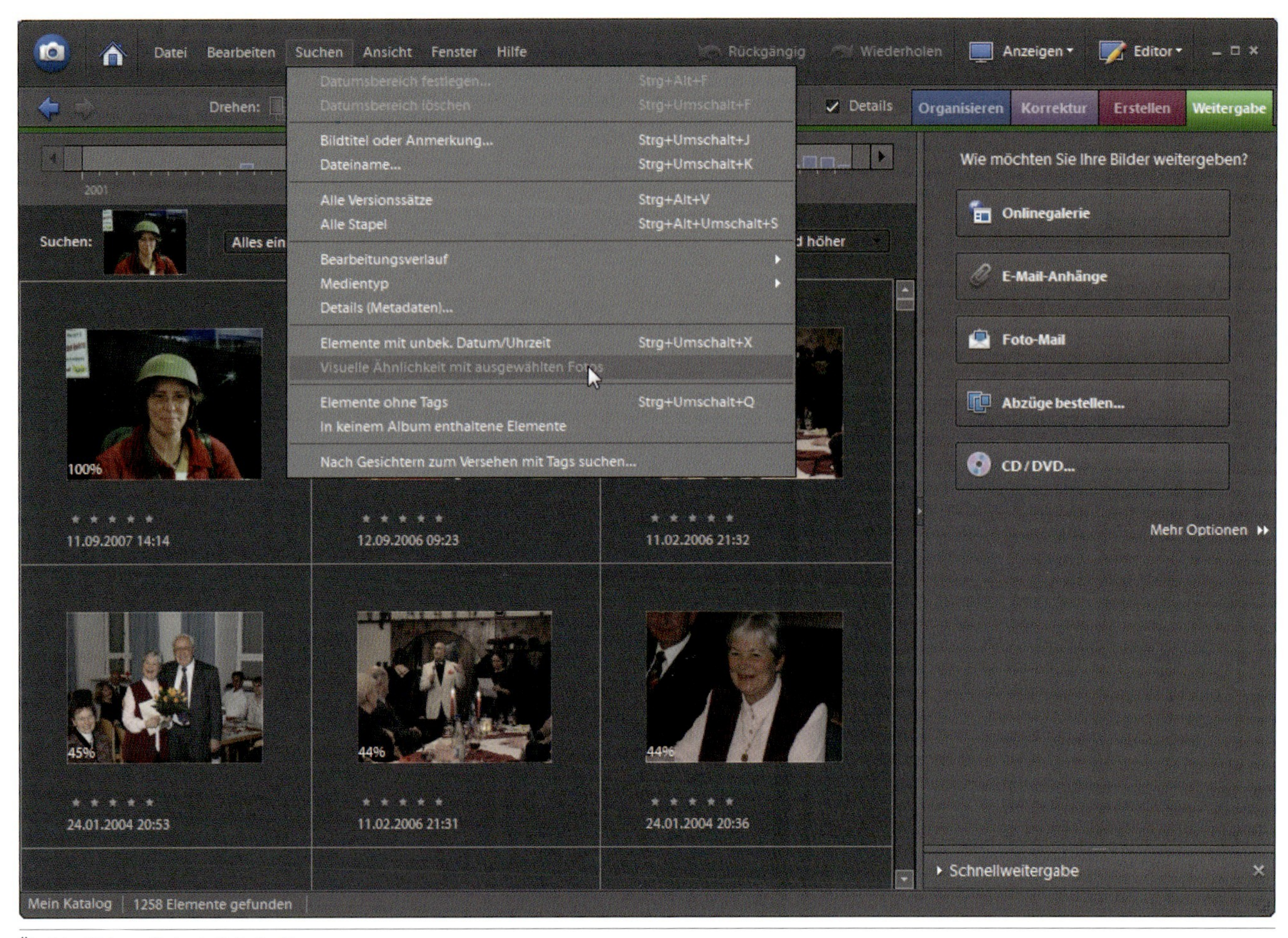

Ähnliche Bilder zu finden ist kein Problem.

Sehr interessant ist die Option *Visuelle Ähnlichkeit mit ausgewählten Fotos*.

Wählen Sie ein Bild aus und rufen Sie die Menüfolge auf. Das Programm durchsucht nun Ihre gesamten Bilder anhand der Farbabstimmung des Referenzfotos und listet Ihnen diese dann – versehen mit einer Prozentangabe – auf.

Sicherungskopien sind die Rettung bei Datenverlust

Das einfache Verwalten verführt dazu, dass man eines nicht beachtet: Sie speichern Ihre Bilder auf Ihre Festplatte und eine Festplatte kann schon mal kaputt gehen. Dann sind Ihre Bilder eventuell für immer verloren und so manche schöne Erinnerung auch.

Legen Sie deshalb regelmäßig Sicherungskopien Ihrer Bilder an. Mit Photoshop Elements ist das kein Problem und schnell erledigt.

1 Rufen Sie die Menüfolge *Datei/Katalog auf CD, DVD oder Festplatte sichern* auf.

Beim ersten Aufruf sollten Sie in jedem Fall ein *Komplettes Backup* durchführen. Hierbei werden alle Elemente Ihres Katalogs gesichert. Beim erneuten Aufruf genügt es dann, nur die geänderten oder neu hinzugekommenen Dateien zu sichern. In diesem Fall entscheiden Sie sich dann für die Option *Inkrementelles Backup*.

2 Nach einem Klick auf *Weiter*, müssen Sie das Ziellaufwerk auswählen. Wenn Sie möchten, können Sie über die Schaltfläche *Durchsuchen* noch den Pfad für einen bestimmten Ordner anlegen.

3 Mit einem Klick auf *OK* startet dann der Sicherungsvorgang.

Tipp

Anders als bei der Windows-Backupfunktion werden die Bilder nicht in gepackter Form auf dem Datenträger abgelegt, sondern als Kopie der betreffenden Bilddatei. Auf diese Weise können Sie wertvollen Festplattenspeicherplatz auf Ihrem Rechner sparen, indem Sie beispielsweise die Bilder auf eine externe Festplatte auslagern und anschließend von dort in den *Organizer* aufnehmen.

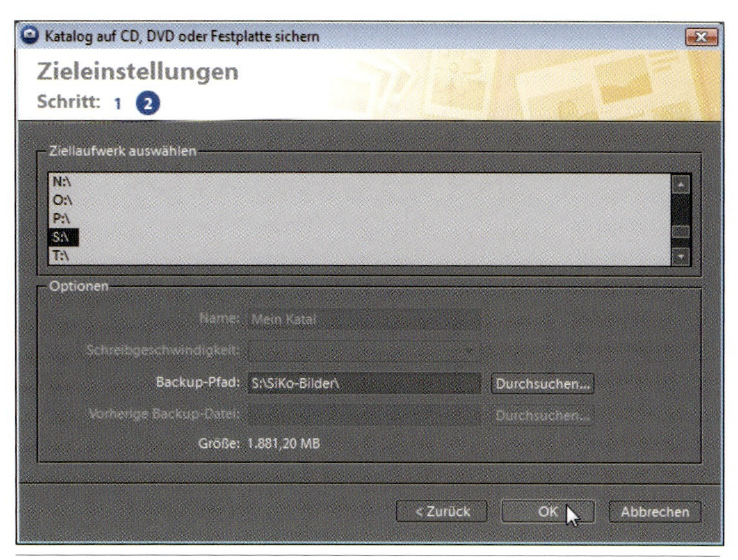

Die Zieleinstellungen für das Backup anlegen

Möchten oder müssen Sie zu einem späteren Zeitpunkt die Sicherung wiederherstellen, dann rufen Sie die Menüfolge *Datei/Katalog auf CD, DVD oder Festplatte wiederherstellen* auf und können nach Angabe der Sicherungsdatei und des Wiederherstellungspfads die Bilder wiederherstellen.

Optimieren Sie Ihre Fotos – schnelle Korrekturen

Bislang haben Sie lediglich Ihre Bilder verwaltet und organisiert. Dabei werden Ihnen sicherlich Bilder in die Hände gefallen sein, die nicht so aussehen, wie Sie sollten. Vielleicht sind diese zu dunkel, haben einen Farbstich oder sind unscharf?

Eine der zentralen Aufgaben von Photoshop Elements liegt in der Bildbearbeitung, genauer der Korrektur fehlerhafter Bilder. Hier bietet Ihnen das Programm eine Reihe von abgestuften Möglichkeiten.

Zu diesen haben Sie über die Schaltfläche *Bearbeiten* Zugang.

1 Klicken Sie auf diese Schaltfläche, um den Editor zu starten.

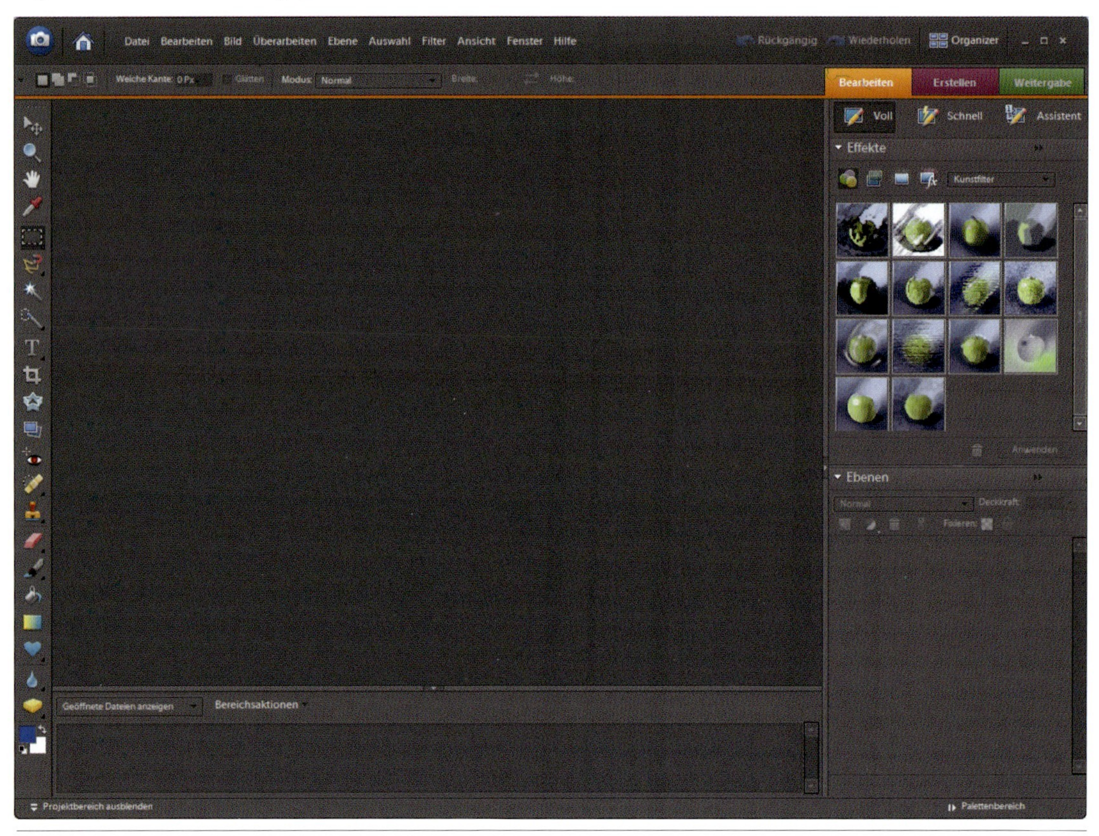

Der Editor ist das zentrale Element der Bildbearbeitung.

Die Bilder bearbeiten.

Korrekturen können Sie in Photoshop Elements mithilfe der entsprechenden Schaltfläche in der Aufgabenbedienfeldleiste auf dreierlei Weise vornehmen:

- *Assistent*: Wenn Sie diese Option wählen, steht Ihnen ein hilfreicher Assistent zur Seite, der Sie durch die Tücken der Bildbearbeitung schleust.
- *Schnell*: Wenn Sie kleinere Fehler rasch beheben möchten, dann ist das die richtige Wahl. Die Optionen dieses Bereichs ermöglichen Ihnen an einem Ort auf die Schnelle Bildkorrekturen, die für sehr viele Fälle ausreichen.
- *Voll*: Wenn Sie diese Option wählen, arbeiten Sie ohne Unterstützung durch das Programm.

2 Bringen Sie das betreffende Foto über die Menüfolge *Datei/Öffnen* auf den Bildschirm. Befinden Sie sich im *Organizer*, klicken Sie mit der rechten Maustaste auf das betreffende Bild und wählen den Kontextmenüeintrag *Schnellkorrektur* aus.

Das Bild wird in den Editor geladen.

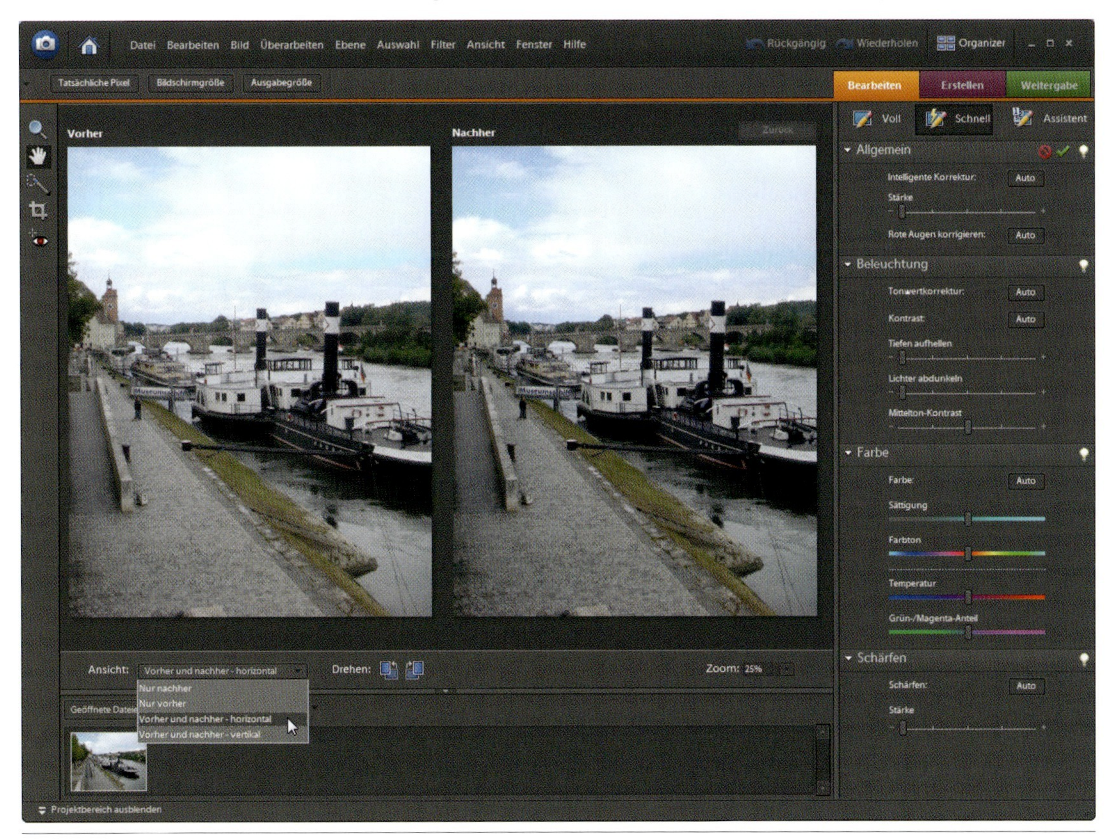

Ein geladenes Bild im Editor

Die Optionen für die schnelle Fehlerkorrektur

3 Über die Schaltfläche am oberen Rand können Sie folgende Einstellungen vornehmen:

- *Tatsächliche Pixel*: Ein Klick auf diese Schaltfläche zeigt Ihnen das Foto in der Originalgröße an.
- *Bildschirmgröße*: Mit dieser Schaltfläche können Sie das Bild auf die volle Bildschirmgröße zoomen.
- *Ausgabegröße*: Bei dieser Wahl wird Ihnen das Foto in der Druckauflösung angezeigt.

Unterhalb der Vorschau finden Sie einige Schaltflächen, mit denen Sie Einfluss auf die Darstellung des Bildes nehmen können.

- Über das Listenfeld *Ansicht* können Sie die Vorher-/Nachher-Ansicht einstellen.
- Ein Klick auf eine der beiden Schaltflächen rechts daneben, dreht das Bild entweder nach links oder nach rechts.
- Und schließlich können Sie über den Schieberegler *Zoom* das Bild stufenlos verkleinern oder vergrößern.

Schnelle Korrekturen selbst gemacht

Bestimmt kennen Sie das auch. Da haben Sie ein paar Schnappschüsse gemacht und möchten diese Ihren Bekannten gleich auf dem Notebook vorführen. Doch leider haben Sie vergessen, den Blitz einzuschalten, oder Sie haben beim Aufnehmen die Kamera falsch gehalten.

Wenn Sie kleinere Fehler rasch beheben möchten, dann setzen Sie die Schnellkorrektur ein, deren Name Programm ist. Diese ermöglicht Ihnen eine Bildkorrektur, die für sehr viele Fälle genügt und die Sie sofort ausführen können.

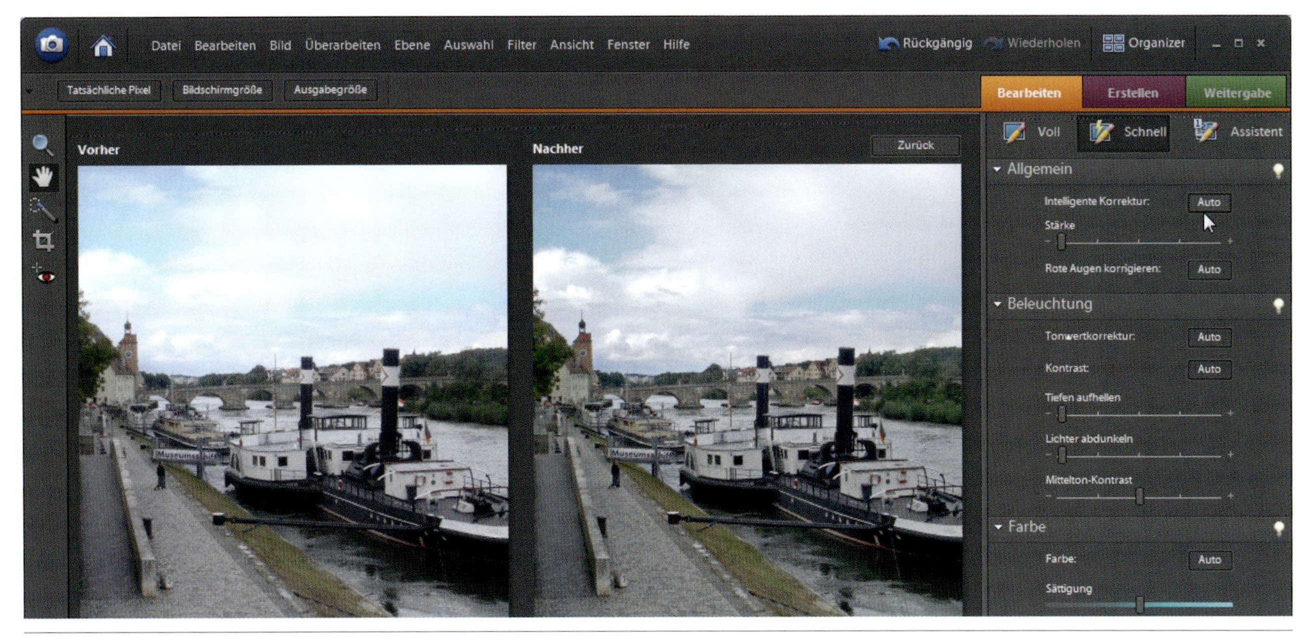

Ein Klick und schon ist das Bild erheblich verbessert.

Klicken Sie auf die Schaltfläche *Schnell*, um an die entsprechenden Optionen zu gelangen.

Allgemein

Im ersten Bereich finden Sie Optionen für die rasche Korrektur. Mit diesen Optionen können Sie in einem Durchgang Fotos korrigieren, ohne dabei auch nur einen einzigen Wert zu ändern.

Bilder im Nu korrigieren

Klicken Sie zunächst auf die Schaltfläche *Intelligente Korrektur*. Dadurch werden auf einen Rutsch die Farben Ihrer Fotos korrigiert sowie die Tiefen und Lichter verbessert.

Das Ergebnis kann sich sehr oft sehen lassen. So kommt im obigen Beispiel das Kopfsteinpflaster wesentlich besser zur Geltung und auch der Himmel erstrahlt blauer.

Photoshop Elements versucht mit diesem Hilfsmittel im Regelfall die dunklen Partien eines Bildes aufzuhellen und die hellen entsprechend abzudunkeln. Dadurch bekommt das Bild mehr Kontrast und gibt mehr Details frei. Gleichzeitig werden eventuell vorhandene Farbstiche entfernt und das Bild wird ein wenig geschärft.

Reicht Ihnen das Ergebnis nicht aus, dann können Sie über den Regler *Stärke* diese Effekte noch mehr verstärken.

Rote Augen korrigieren

Wenn Sie selbst fotografieren, dann wird es Ihnen sicherlich auch schon einmal passiert sein: Statt der wunderbar brauner strahlen Sie rote Augen an. Dieser Effekt tritt dann auf, wenn das Blitzlicht einer Kamera vom Augenhintergrund reflektiert wird.

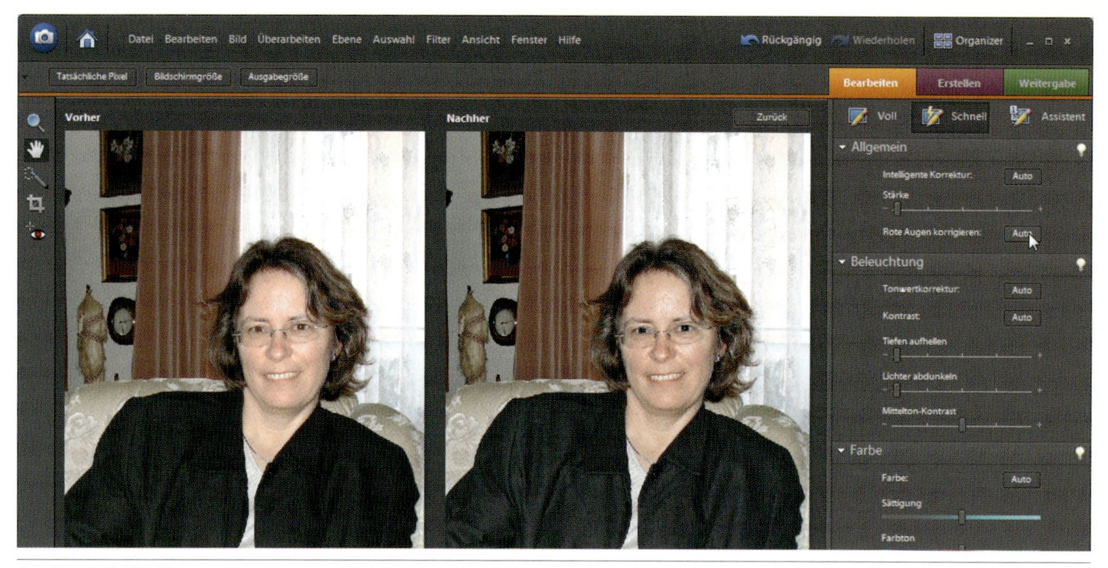

Rote Augen sind im Nu verschwunden.

Bei einem solchen Fall hilft in den allermeisten Fällen ein Klick auf die Schaltfläche *Rote Augen korrigieren* weiter.

Photoshop Elements durchsucht nun das Bild automatisch nach roten Augen und korrigiert diese sogleich.

Beleuchtung

Im Bereich *Beleuchtung* finden Sie alle Werkzeuge, um die Qualität eines Bildes zu verbessern.

Zu helle oder zu dunkle Bilder retten

Falsch belichtete Bilder können Sie häufig mithilfe der *Tonwertkorrektur* verbessern. Hierbei werden

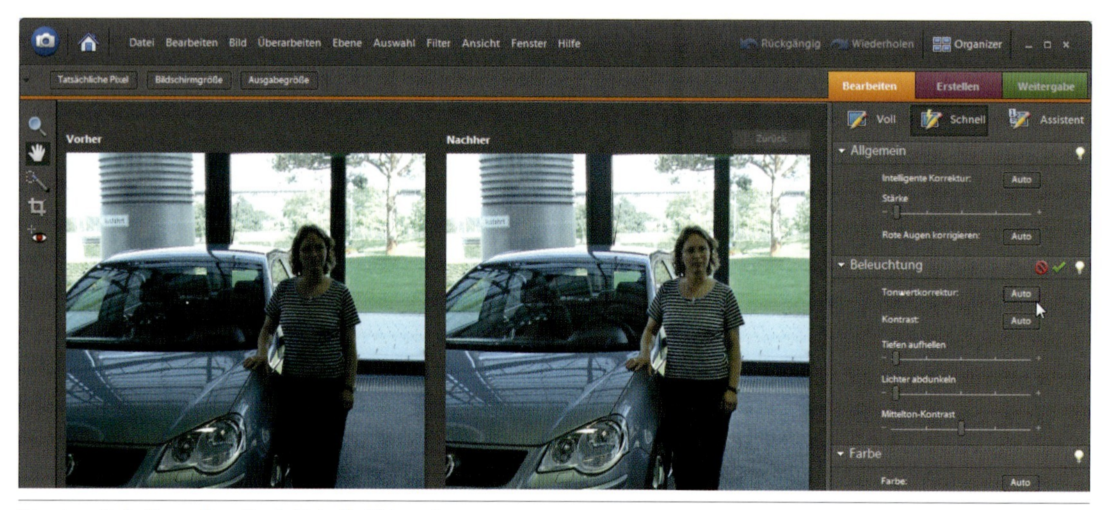

Die automatische Tonwertkorrektur hellt dunkle Bilder auf.

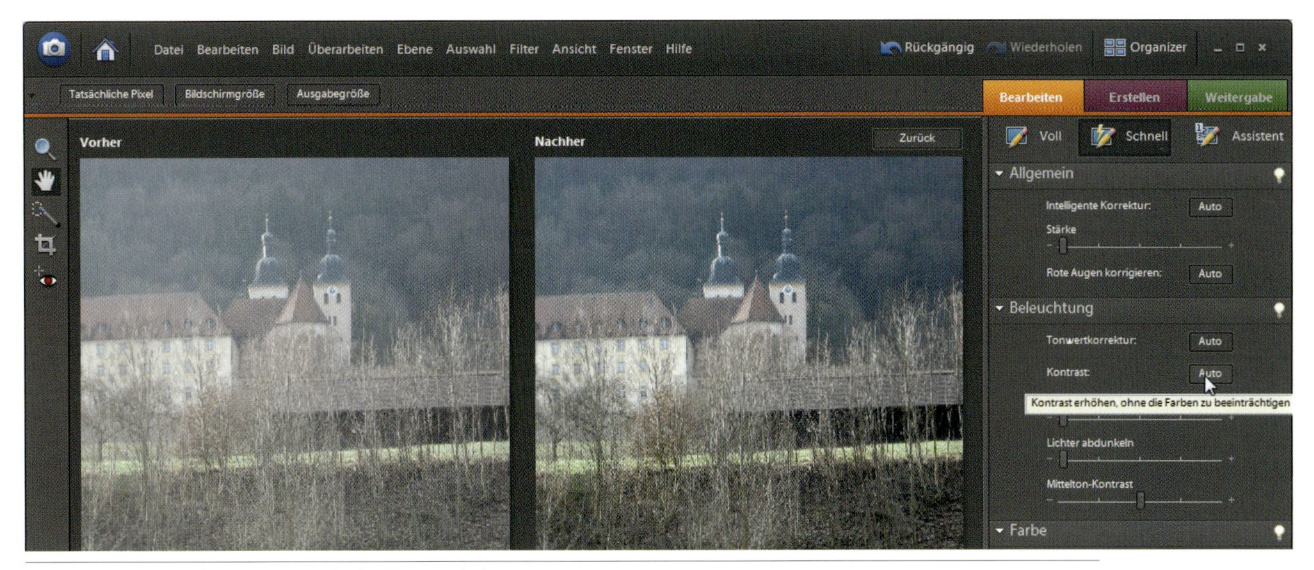

Flaue Bilder erhalten mehr Brillanz, wenn Sie den *Kontrast* erhöhen.

lediglich die Kontraste erhöht und die Farben entsprechend korrigiert.

Die digitale Information eines Bildpunkts wird als Tonwert bezeichnet. Genauer gesagt, ist der Tonwert die Intensität einer Farbe in einem Bereich von 0 bis 100 %. Tonwerte sind demnach nichts anderes als die unterschiedlichen Farbtöne eines Bildes. Diese sollten möglichst gleichmäßig verteilt sein, d. h., es sollten ganz weiße und ganz schwarze Pixel vorhanden sein. Sehr oft finden sich aber nur Pixel in den Mitteltönen oder diese sind zu dunkel oder zu hell – diesen Fehler können Sie oft durch einen Klick auf die Schaltfläche *Auto* beheben.

Flauen Bildern zu Kontrast verhelfen

Wirken Bilder flau und trübe wie ein Novembertag, dann liegt es sehr oft an dem Kontrast. Darunter versteht man den Unterschied zwischen der Wiedergabe einer weißen und einer schwarzen Fläche auf dem Bildschirm. Mit der Autofunktion *Kontrast* können Sie das recht einfach verändern und so rasch brillantere Bilder erhalten.

Mit diesem Befehl werden der allgemeine Kontrast und die Farbmischung automatisch eingestellt, d. h. den hellsten und dunkelsten Pixeln im Bild werden vom Programm Schwarz- und Weißwerte zugeordnet. Deshalb wirken Lichter nach Ausführung dieses Befehls heller und Tiefen dunkler.

Tipp

Sie sollten diesen Befehl nur für Bilder einsetzen, die keinen Farbstich enthalten, denn dieser wird nicht entfernt.

Über die Schieberegler können Sie wie folgt weitere, einfache Korrekturen am Tonwertbereich eines Bildes vornehmen:

- *Tiefen aufhellen:* Über diesen Regler können Sie die Helligkeit in zu dunklen Bereichen erhöhen und somit Objekte klarer darstellen.

- *Lichter abdunkeln*: Einstellungen an diesem Regler führen dazu, dass die Helligkeit in zu hellen Bereichen abgedunkelt wird und das Bild insgesamt harmonischer wirkt.
- *Mittelton-Kontrast*: Damit können Sie den Kontrast in den Bereichen mit mittlerer Helligkeit einstellen.

Farbstiche entfernen

Das Empfinden von Bildern und damit auch von Farben ist subjektiv und hängt zudem auch von der Hardware (beispielsweise der richtigen Einstellung/Kalibrierung des Monitors) ab.

Möchten Sie unerwünschte Farbstiche entfernen oder Farben mit zu starker bzw. zu geringer Sättigung korrigieren, müssen Sie für eine ausgewogene Farbbalance des Bildes sorgen.

Oft reicht ein Klick auf *Auto* zum Entfernen eines Farbstichs aus.

Häufig werden Sie weitere Einstellungen vornehmen müssen, um eine bestimmte Farbausgewogenheit zu erreichen. Wie Sie gleich sehen werden, lassen sich mit verschiedenen Methoden ähnliche Farbbalance-Ergebnisse erzielen. Allerdings können Sie eine Farbe nicht allein betrachten, da diese stets im Zusammenspiel mit den anderen ihre Wirkung entfaltet. Um nicht den Überblick zu verlieren, sollten Sie sich einen Farbkreis neben den Monitor legen, da sich mit dessen Hilfe am besten voraussagen lässt, wie sich die Änderung einer bestimmten Farbkomponente auf andere Farben auswirken wird.

Der Farbtonkreis ist die natürliche Ordnungsmöglichkeit der rein bunten Farben, also solcher Farben, die weder Schwarz, Weiß noch Grau enthalten.

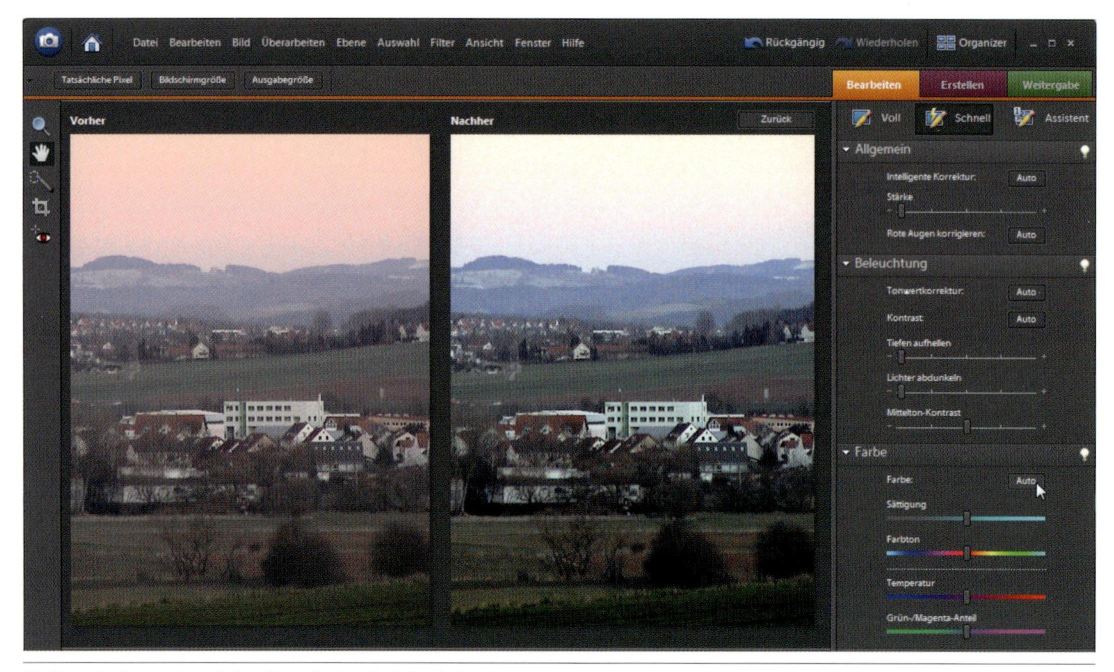

Ideal zum Entfernen eines Farbstichs ist die Autofunktion *Farbe*.

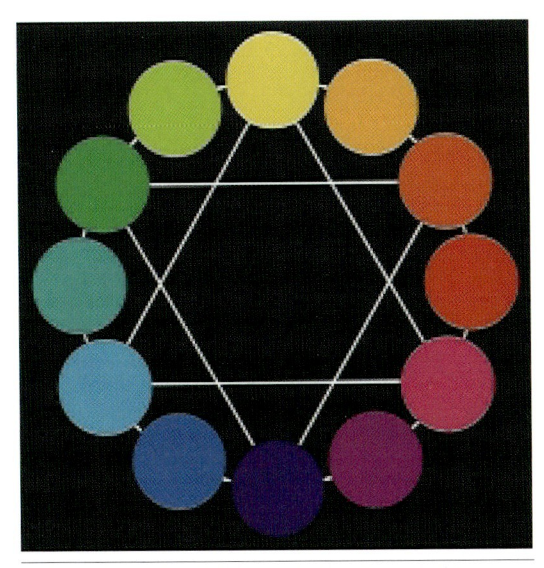

Der Farbkreis spielt beim Arbeiten mit Farben eine große Rolle.

An den Eckpunkten des aufrecht stehenden gleichseitigen Dreiecks liegen die Farbnuancen Gelb, Purpur und Blau. Das umgekehrt eingezeichnete Dreieck bezeichnet die Lage der Farbnuancen Orangerot, Violett und Grün. Die noch verbleibenden und dazwischen liegenden Farbnuancen werden als Orangegelb, Rot, Rotviolett, Blauviolett, Blaugrün und Grüngelb bezeichnet. Farbnuancen, die sich in diesem Kreis gegenüber liegen, werden als Gegenfarben oder auch Komplementärfarben bezeichnet.

Demzufolge sollten Sie die Regler wie folgt verwenden:

- *Sättigung:* Mit diesem Regler können Sie die Farben leuchtender oder gedeckter gestalten. Die Sättigung legt die Intensität der Farbtiefe und somit die Leuchtkraft für jede Farbe im Bild fest. Auf diese Weise können Grau-Anteile aus der Farbe entfernt werden.
- *Farbton:* Über diesen Regler (*Farbton* der Grundfarbe) legen Sie fest, welche Farbe verwendet wird.
- *Temperatur:* Durch die Einstellungen, die Sie über diesen Regler vornehmen, können Sie die Farben wärmer oder kälter wirken lassen. Im ersten Fall ziehen Sie den Regler nach rechts in den roten und im zweiten Fall nach links in den blauen Bereich.
- *Grün-/Magenta-Anteil:* Mit diesem Regler können Sie schließlich den Grün- bzw. Magenta-Anteil der Farben erhöhen und so eine Feinjustierung der Farben vornehmen, die durch Änderungen der Temperaturwerte hervorgerufen waren.

Unschärfen beseitigen auf Knopfdruck

Beim Fotografieren oder Scannen auftretende Unschärfen sind ärgerlich, aber leider oft unvermeidlich. In diesem Fall kommt das Bedienfeld *Schärfen* zum Einsatz.

Zunächst können Sie es wieder mit der Schaltfläche *Auto* versuchen.

Dadurch wird die Bildschärfe eines Fotos verändert und die Details werden stärker herausgearbeitet. Das geschieht dadurch, dass diese Funktion den Kontrast zwischen zwei benachbarten Bildpunkten erhöht. Dadurch werden die Kanten schärfer hervorgehoben. Dies bringt insbesondere Bilder, die durch Interpolation oder beim Scannen unscharf geworden sind, wieder klar hervor.

Ist das Ergebnis nicht nach Ihrem Geschmack, dann können Sie über den Schieberegler *Stärke* den Grad der Kantenschärfung selbst bestimmen. Ziehen Sie dazu den Regler nach rechts und beobachten Sie die Auswirkung. Je höher Sie diesen Wert wählen, desto stärker wirkt sich das auf das

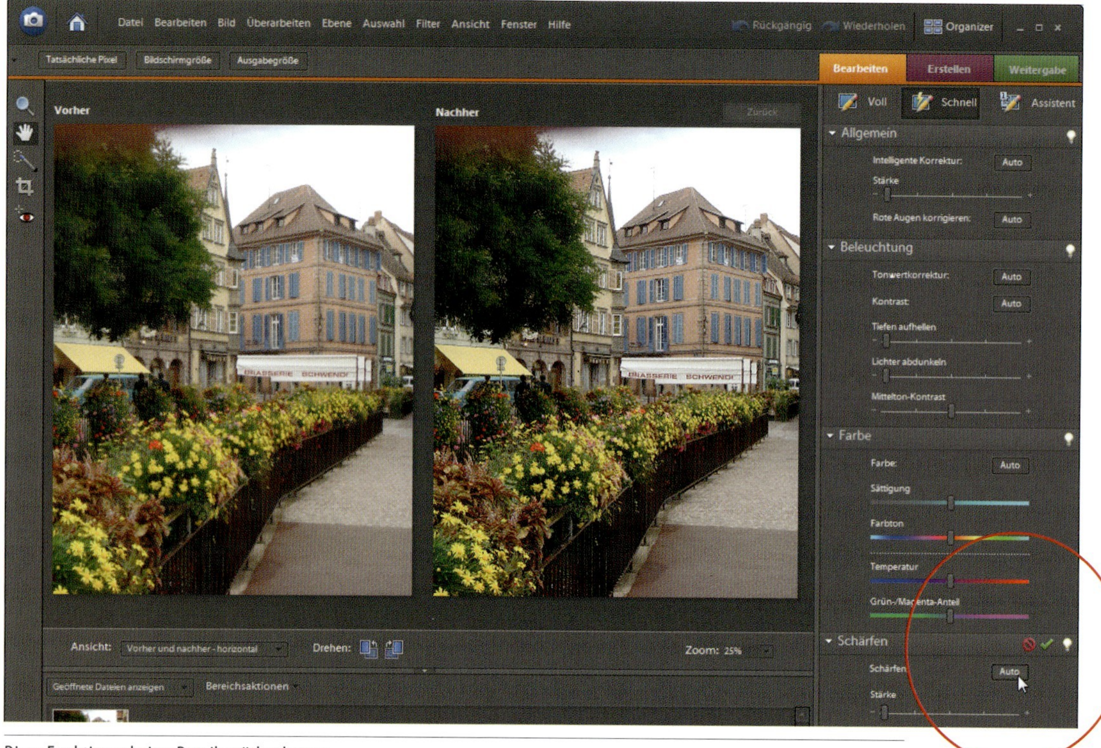

Diese Funktion arbeitet Details stärker heraus.

Bild aus, d. h. desto stärker werden die Ränder betont.

Sichern Sie Ihre Bildkorrekturen

Sind die Korrekturarbeiten abgeschlossen, rufen Sie den Menüpunkt *Datei/Schließen* auf.

Tipp

Wenn Sie mehrere Bilder korrigieren möchten, geht es gewiss einfacher mit [Strg]+[W].

Das Programm fragt Sie nun, ob Sie die Änderungen speichern wollen.

Möchten Sie alle Arbeiten verwerfen, dann klicken Sie einfach auf die Schaltfläche *Abbrechen*. Photoshop Elements kehrt, ohne das Bild zu verändern, in

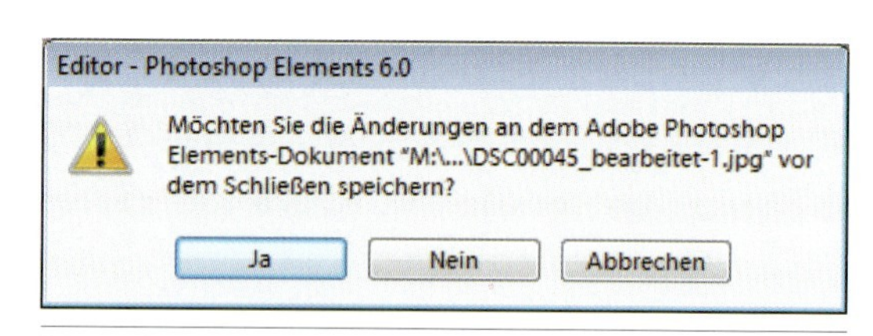

Wie möchten Sie vorgehen?

den *Organizer* zurück. Möchten Sie die Änderungen übernehmen, weil Sie mit dem Ergebnis zufrieden sind, dann klicken Sie auf die Schaltfläche *Ja*. Es wird daraufhin das Dialogfenster *Speichern unter* geöffnet. Hier können Sie nun die Korrektur unter einem anderen Namen abspeichern. Dabei wird den Dateinamen automatisch eine fortlaufende Nummer angehängt, sodass die Originaldatei nicht geändert wird. Das Programm verhindert damit einen fatalen Fehler: das versehentliche Überschreiben der

Originaldatei. Den vorgeschlagenen Dateienamen können Sie übernehmen oder einen beliebigen anderen eingeben.

Haben Sie mit *Ja* bestätigt, erkennen Sie in Zukunft ein bearbeitetes Bild im *Organizer* an einem kleinen Symbol, welches im oberen rechten Rand eingeblendet wird, da diese Bilder in einem Stapel angezeigt werden.

Das linke Bild wurde bearbeitet.

Der Assistent – Ihr Helfer bei der Bildbearbeitung

Das Korrigieren von Bildern erfordert neben Geduld auch Erfahrung. Wenn es Ihnen an beidem mangelt, können Sie sich von verschiedenen Assistenten unterstützen lassen und so eine Menge Arbeit sparen.

Klicken Sie auf die Schaltfläche *Assistent*, um zu sehen, welche Möglichkeiten Sie haben.

Wie Sie sehen, werden Sie gefragt, was Sie tun möchten. Um einen Vorgang zu starten, müssen Sie lediglich auf die entsprechende Option klicken und schon geht es los.

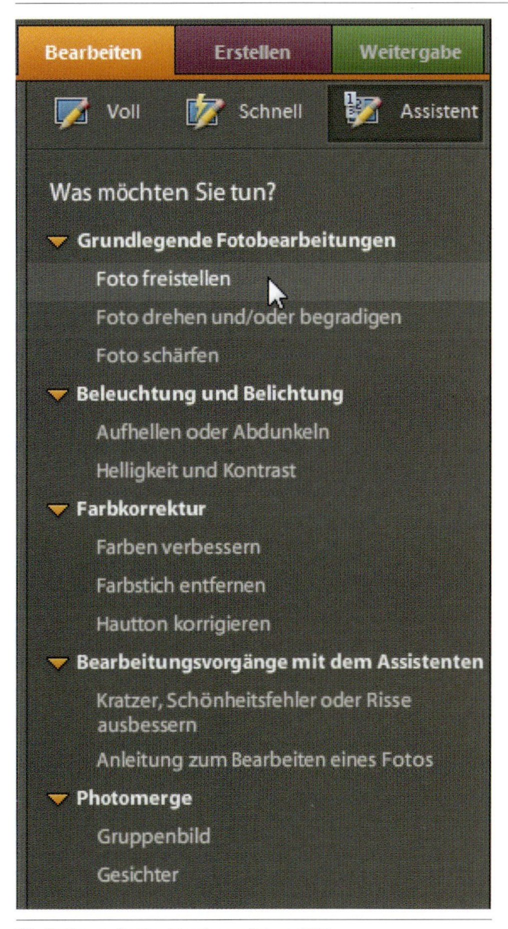

Die Optionen des Assistenten auf einen Blick

Grundlegende Fotobearbeitungen

In der ersten Kategorie finden Sie grundlegende Bearbeitungsmöglichkeiten, um ein Foto von unnötigen Elementen zu bereinigen, es gerade zu stellen oder ganz einfach zu schärfen.

Fotos in die „richtige" Größe bringen

1 Möchten Sie das Bild auf ein bestimmtes Format trimmen, klicken Sie auf *Foto freistellen*. Diese Option dient dazu, das Bild in die gewünschte Form zu bringen.

Dazu können Sie entweder über einen der quadratischen Anfasser den Rahmen an die gewünschte Größe anpassen, und so beispielsweise ein Motiv stärker in den Mittelpunkt bringen oder wie im Beispielsfall den Finger entfernen, der leider in die Linse hineinragt.

Bereiche eines Bildes wegschneiden

Einen Ausschnittrahmen festlegen

Sie können die Bilder auch auf eine bestimmte Norm trimmen. Dazu wählen Sie aus dem Listenfeld *Ausschnittrahmen* einen Vorgabewert aus.

2 Wenn Sie danach in beiden Fällen auf *Fertig* klicken, wird das Foto freigestellt, d. h., der außerhalb des Rahmens befindliche Teil des Bildes wird weggeschnitten.

Bilder drehen und/oder begradigen

Manchmal muss man beim Fotografieren eines Objekts die Kamera hochkant halten oder man hält sie im entscheidenden Moment ein wenig schief. In diesen Fällen kommen die Werkzeuge des Bereichs *Drehen und/oder Begradigen* zur Anwendung.

Für das einfache Drehen genügt ein Klick auf die entsprechende Schaltfläche.

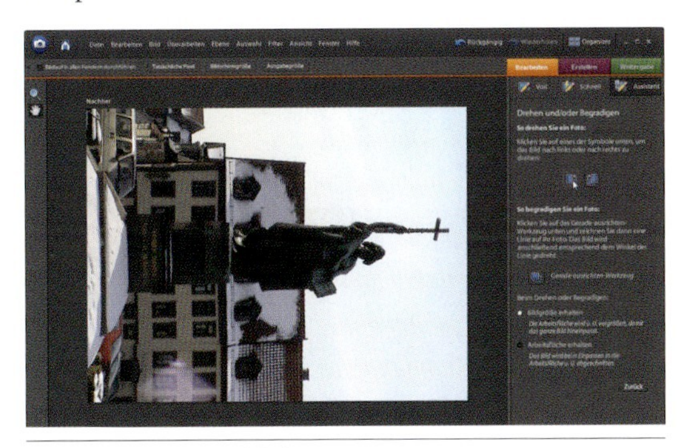

Fotos im geraden Winkel drehen

Ärgerlicher sind schief aufgenommene Fotos.

Diese werden mit dem *Gerade-ausrichten-Werkzeug* wieder in Form gebracht. Entscheiden Sie sich zunächst, ob Sie die *Bildgröße erhalten* möchten oder ob die Arbeitsfläche erhalten werden soll.

1 Aktivieren Sie das Werkzeug durch Anklicken der Schaltfläche und ziehen Sie mit dem Werkzeug eine Linie entlang des schiefen Bildbereichs (siehe Pfeile in der Abbildung).

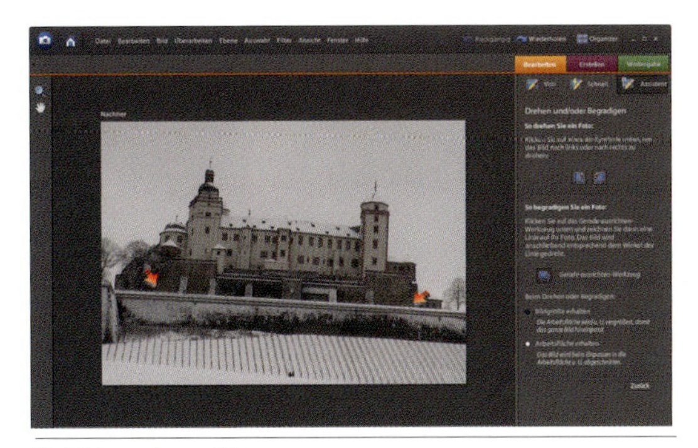

Ein Bild gerade ausrichten

2 Lassen Sie die Maus am Endpunkt der Linie los. Das Bild wird automatisch gerade gestellt.

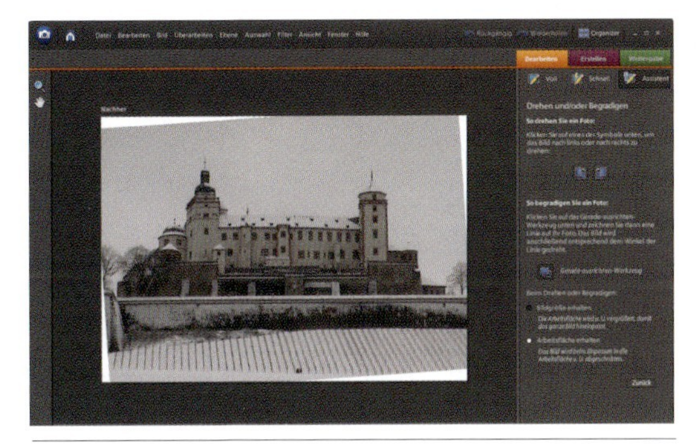

Das korrigierte Bild

Die überflüssigen Randbereiche können Sie anschließend mit dem *Freistellungswerkzeug* entfernen.

Fotos schärfen

Beim Fotografieren oder Scannen auftretende Unschärfen sind ärgerlich, aber leider oft unvermeidlich. In diesem Fall kommt das Bedienfeld *Foto schärfen* zum Einsatz.

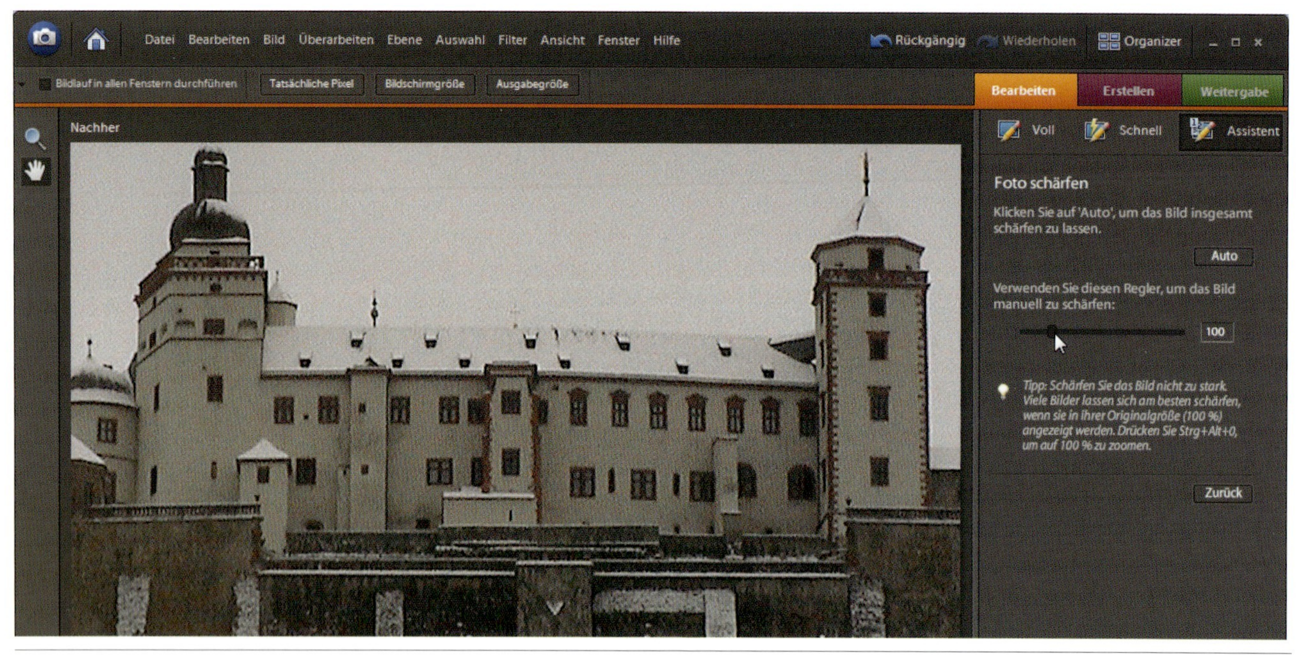

Ein unscharfes Foto korrigieren

Zunächst sollten Sie es wieder mit der Schaltfläche *Auto* versuchen.

Dadurch wird die Bildschärfe eines Fotos verändert und die Details werden stärker herausgearbeitet. Das geschieht dadurch, dass diese Funktion den Kontrast zwischen zwei benachbarten Bildpunkten erhöht. Dadurch werden die Kanten schärfer hervorgehoben. Dies bringt insbesondere Bilder, die durch Interpolation oder beim Scannen unscharf geworden sind, wieder klar hervor.

Ist das Ergebnis nicht nach Ihrem Geschmack, dann können Sie über den Schieberegler den Grad der Kantenschärfung selbst bestimmen.

Über den Regler legen Sie die Stärke des Filters fest.

Ziehen Sie dazu den Regler nach rechts und beobachten Sie die Auswirkung. Je höher Sie diesen Wert wählen, desto stärker wirkt sich das auf das Bild aus, d. h. desto stärker werden die Ränder betont.

Tipp

Solche Regler lassen sich über die Tastatur oft genauer bedienen. Klicken Sie dazu auf den Reglerpfeil und tippen Sie anschließend mit der ← oder → -Taste in die entsprechende Richtung, wodurch der Regler um exakt eine Einheit bewegt wird.

Beleuchtung und Belichtung

Die Lichtverhältnisse beim Fotografieren haben auf das Ergebnis eine entscheidende Wirkung. Allerdings sind die Lichtverhältnisse oft nicht so optimal und Sie müssen Korrekturen vornehmen.

Graue Bilder ansehnlich machen

Oft wirken Bilder grau und trist, weil die Verteilung von weißen und dunklen Bildpunkten in einem Bild nicht stimmt.

Wechseln Sie in einem solchen Fall in den Bereich *Foto aufhellen oder abdunkeln.*

Probieren Sie es zunächst wieder mit der Schaltfläche *Auto.* Ist das Ergebnis nicht nach Ihrem Geschmack, dann sollten Sie es mit den Reglern *Tiefen aufhellen* bzw. *Lichter aufhellen* versuchen. Ersterer führt dazu, dass die dunklen Bereiche des Bildes aufgehellt werden und beispielsweise ein dunkles Objekt stärker hervortritt. Mit dem zweiten Regler können Sie zu helle Partien, etwa den grauen Himmel, abschwächen. Über den *Regler Mitteltonkontrast* können Sie die Balance zwischen den Bildpunkten regeln.

Unterbelichtete oder überbelichtete Fotos retten

Ein weiteres Ärgernis in der Fotografie sind unter- oder überbelichtete Fotos.

Diese können Sie im Bereich *Helligkeit und Kontrast* bearbeiten. Über die Schieberegler können Sie entweder das gesamte Bild aufhellen oder ab-

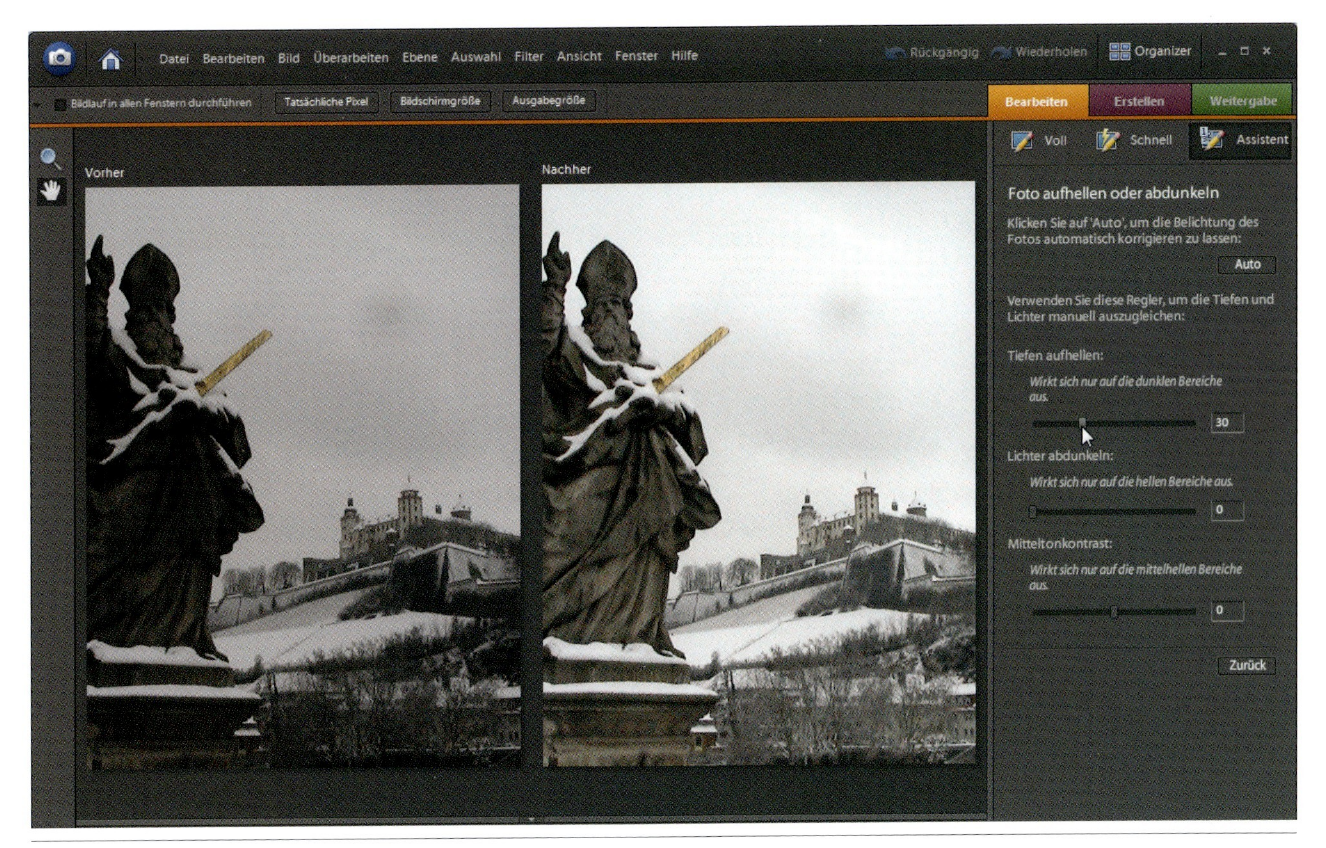

Ein Foto aufhellen

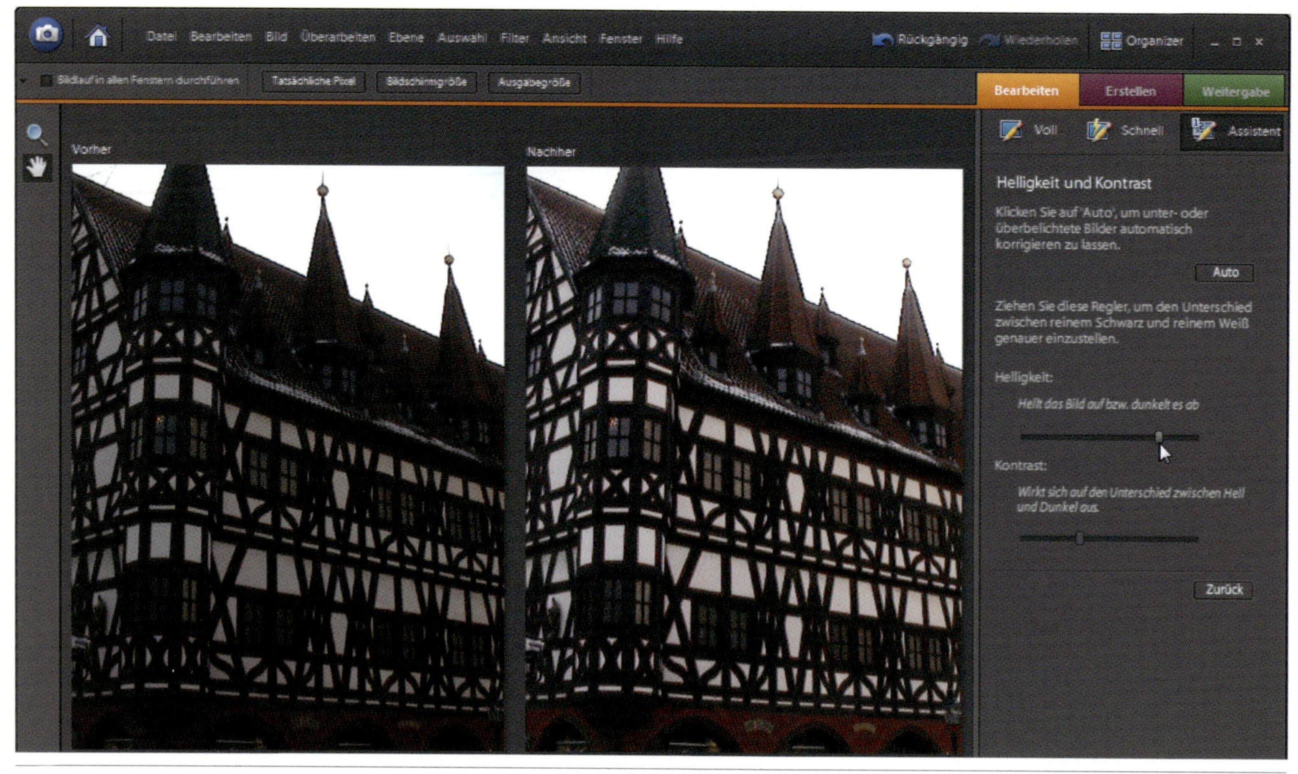

Ein unterbelichtetes Foto aufwerten

dunkeln oder den Unterschied zwischen Hell und Dunkel harmonisieren.

Farbkorrektur

Neben den Lichtverhältnissen hat eine ausgewogene Farbverteilung Auswirkung darauf, wie man ein Bild empfindet.

Farben harmonischer erscheinen lassen

Möchten Sie unerwünschte Farbstiche entfernen oder Farben mit zu starker bzw. zu geringer Sättigung korrigieren, müssen Sie für eine ausgewogene Farbbalance des Bildes sorgen.

Zunächst gilt es aber erst einmal, die allgemeine Farbqualität zu verbessern. Klicken Sie dazu auf die Option *Farben verbessern* im Bereich *Farbkorrektur.*

Ein Klick auf die Schaltfläche *Auto* genügt. Photoshop Elements versucht nun, eine ausgewogene Farbharmonie zu erreichen.

Die Feinabstimmung können Sie dann wieder über Regler vornehmen.

Über den Regler *Farbton* (der Grundfarbe) legen Sie fest, welche Farbe verwendet wird. Mit dem Regler *Sättigung* können Sie die Farben leuchtender oder gedeckter gestalten. Und mit dem Regler *Helligkeit* können Sie die Farben verstärken oder abschwächen.

Entfärben leicht gemacht

Möchten Sie aus einem Foto einen Farbstich entfernen, so klicken Sie auf die gleichnamige Option.

Anschließend klicken Sie auf einen Teil des Bildes, der rein grau, weiß oder schwarz *sein soll.* Sie ändern damit die Tonwertspreizung. Diese bestimmt die Verteilung der Bildpunkte innerhalb des normalen Bereichs von 0 bis 255. Der Wert 0 steht dabei für ein reines Schwarz, der Wert 255 für ein reines Weiß.

Eine weitere Möglichkeit, Farbstiche zu entfernen oder das sommerliche Braun aufzufrischen, finden Sie nach Anklicken der Option *Hautton korrigieren.*

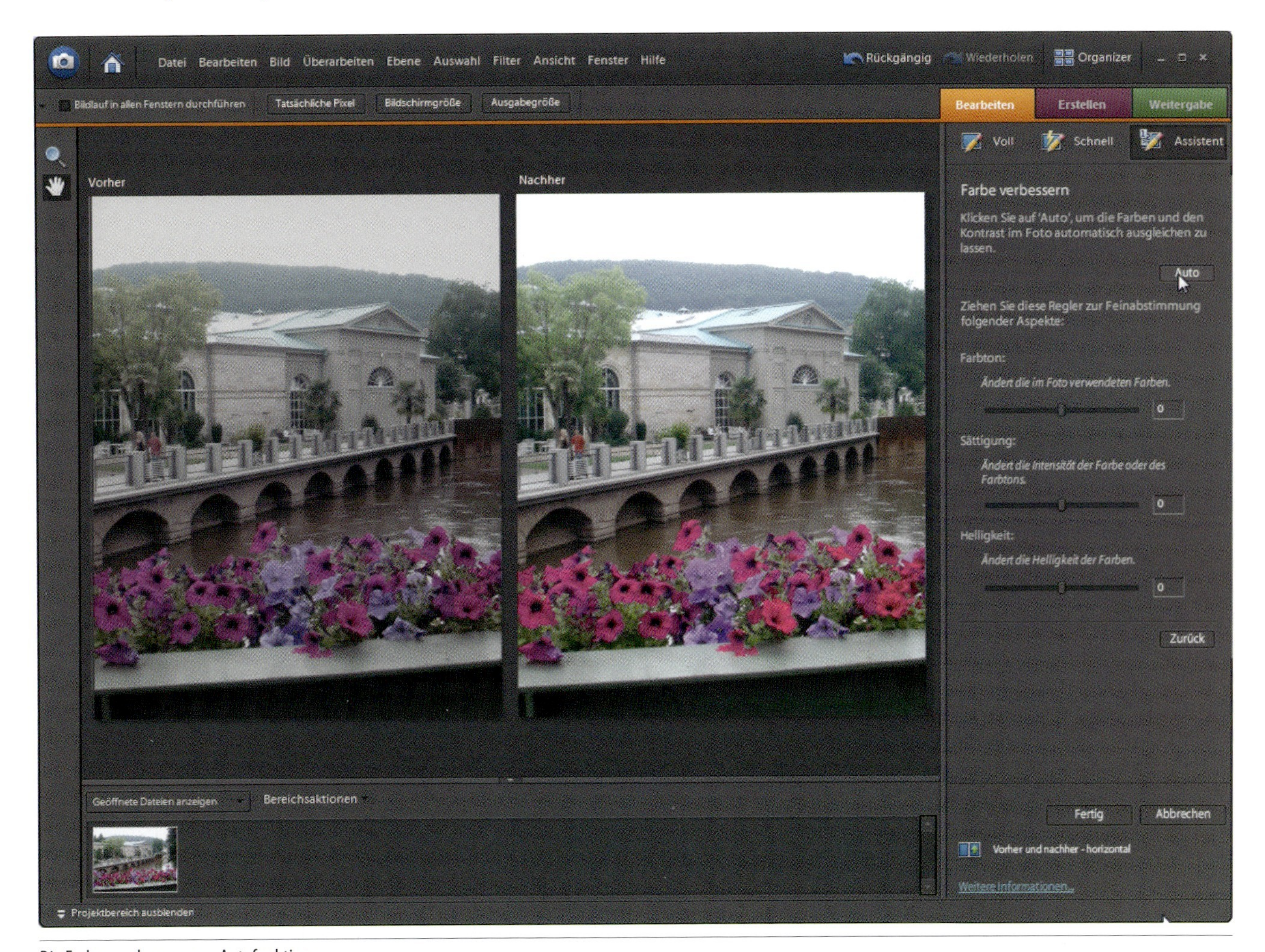

Die Farben verbessern per Autofunktion

Einen Farbstich entfernen

Klicken Sie mit der *Hautton-Pipette* auf eine helle Stelle der Haut der Person, der Sie ein brauneres Aussehen geben wollen.

Mithilfe der Regler *Bräunung* bzw. *Rötung* können Sie festlegen, ob die Braun- oder die Rottöne verändert werden sollen. Möchten Sie alle Farben anpassen, verwenden Sie den Regler *Umgebungslicht.*

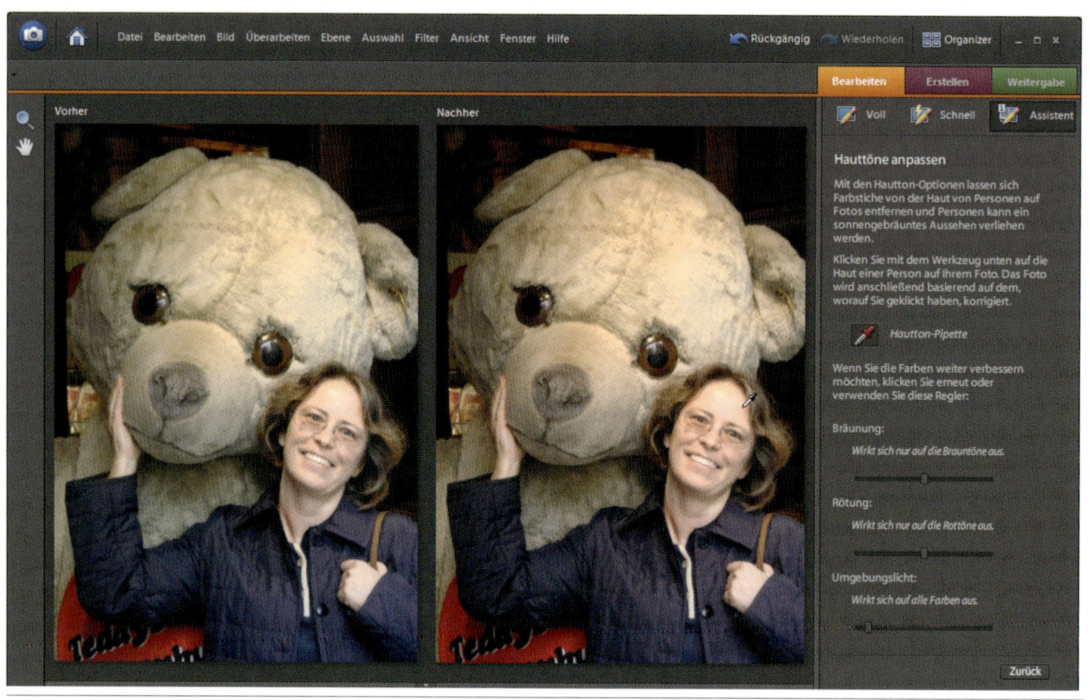

Den Hautton verstärken

Bearbeitungsvorgänge mit dem Assistenten

Besonders ärgerlich ist es, wenn Ihr Lieblingsfoto einen oder gar mehrere Kratzer erhalten hat. Und wie es nun einmal so ist, er kann noch so klein sein, dem Auge fällt dieser Makel ständig auf.

In einem solchen Fall klicken Sie im Bereich *Bearbeitungsvorgänge mit dem Assistenten* auf die Option *Kratzer, Schönheitsfehler oder Risse* ausbessern.

Für die kleineren Mängel klicken Sie auf das Symbol *Bereichsreparatur-Pinsel* und passen Sie je nach Größe des Fehlers die Pinselgröße über den Regler an.

Platzieren Sie dann das Werkzeug auf der gewünschten Stelle und übermalen die fehlerhafte Stelle mit reibenden Bewegungen.

Nach dem Fertigstellen Ihrer Arbeiten sollte von dem Kratzer nichts mehr zu sehen sein, denn hierbei werden automatisch Struktur, Beleuchtung und auch Schattierung des Bereiches angepasst.

Haben Sie größere Stellen auszubessern, dann wählen Sie den *Reparatur-Pinsel*, dessen Arbeitsweise dem *Bereichsreparatur-Pinsel* entspricht.

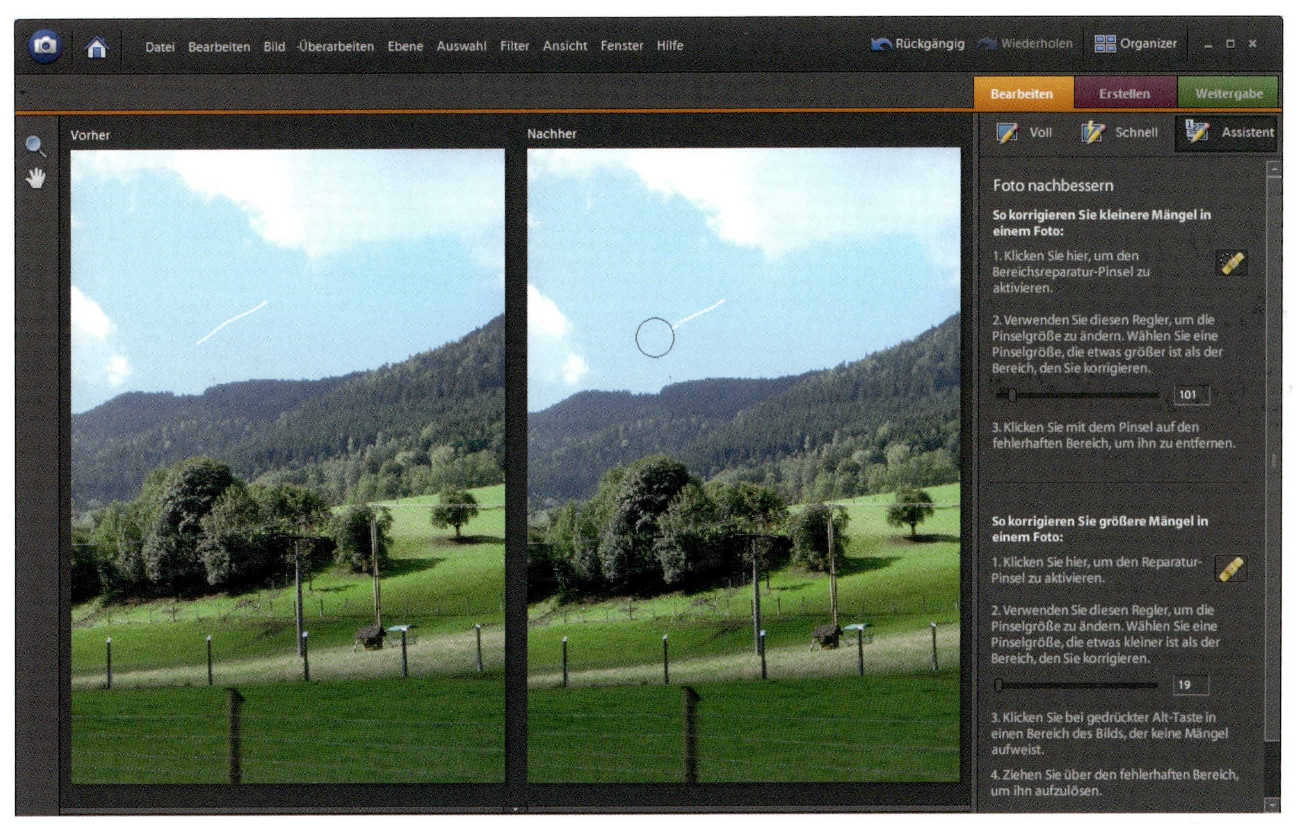

Einen Kratzer entfernen

Tipp

Hinter der Option **Anleitung zum Bearbeiten eines Fotos** verbirgt sich eine Befehlsreihenfolge. Wenn Sie diesen Assistenten auswählen, können Sie für Ihr perfektes Foto in einem Rutsch mehrere Schritte hintereinander vornehmen.

Photomerge

Das Zusammenfügen mehrerer unterschiedlicher Aufnahmen von Personen, Gesichtern oder Elementen bezeichnet man als Photomerge.

1 Öffnen Sie zunächst die Bilder, die Sie miteinander kombinieren wollen.

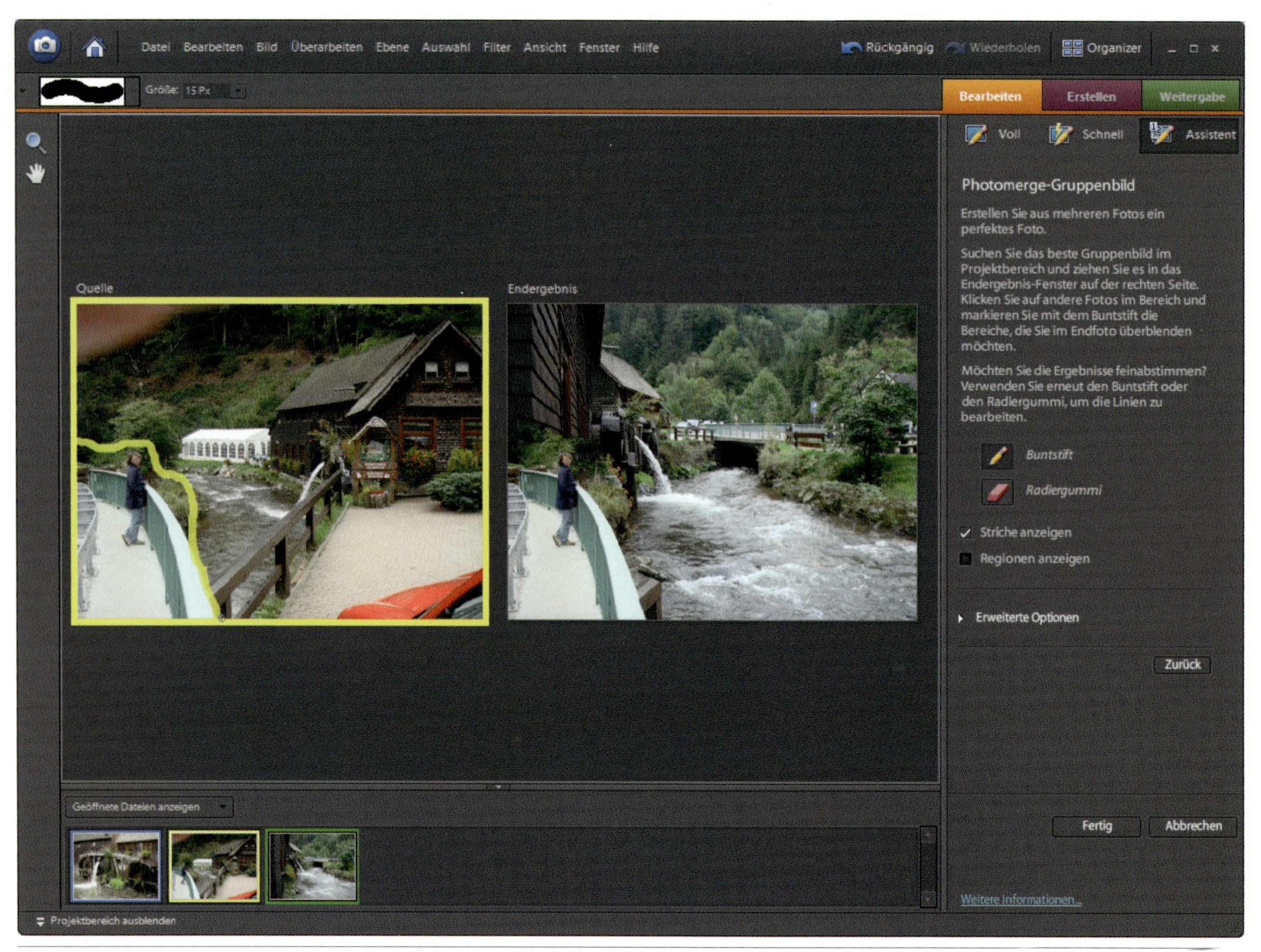

Bildteile geschickt kombinieren

Diese werden im Projektbereich abgelegt. Wählen Sie dann mindestens zwei (max. 10) Bilder mit gedrückter [Strg]-Taste aus und klicken Sie anschließend auf die entsprechende Option.

Im linken Vorschaubereich wird das Bild platziert, aus dem Sie Bestandteile übernehmen können.

2 Auf den rechten Vorschaubereich ziehen Sie aus dem Projektbereich das Bild, das Sie verändern möchten.

3 Aktivieren Sie anschließend das Werkzeug *Buntstift*, ändern gegebenenfalls dessen Größe und ziehen im linken Vorschaubereich *Quelle* einen Rahmen um den Teil, den Sie übernehmen wollen.

Im Vorschaubereich *Endergebnis* sehen Sie anschließend das Ergebnis Ihrer Bemühungen.

Umfangreiche Bildbearbeitung im Detail

Umfangreichere Bildbearbeitungen finden im Editor in der Ansicht *Voll* statt. Sollten Sie über das Willkommensfenster gekommen sein, befinden Sie sich automatisch in dieser Ansicht. Anderenfalls klicken Sie im Palettenbereich auf die Schaltfläche *Voll*.

Freistellen – Zauberstab, Lasso & Co.

Zunächst werden Sie lernen, wie man bestimmte Bildbereiche freistellt. Dabei werden Ausschnitte des Bildes isoliert, um sie besser bearbeiten zu können.

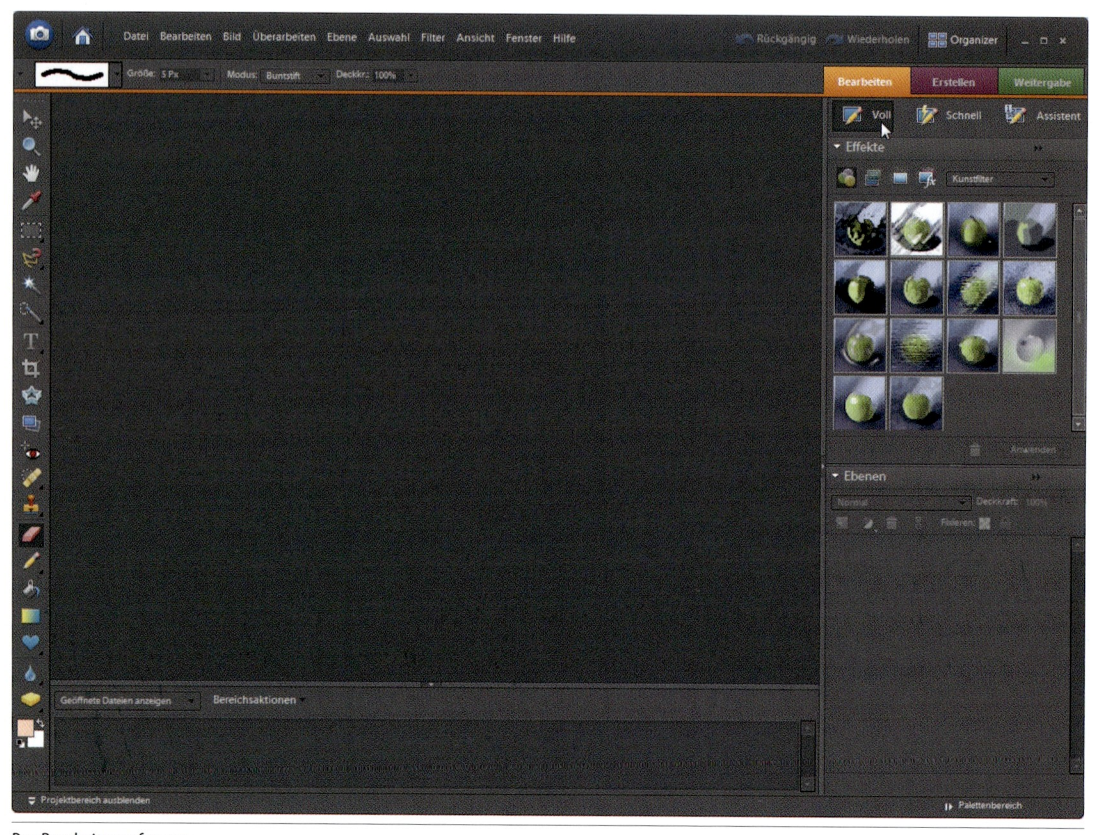

Das Bearbeitungsfenster

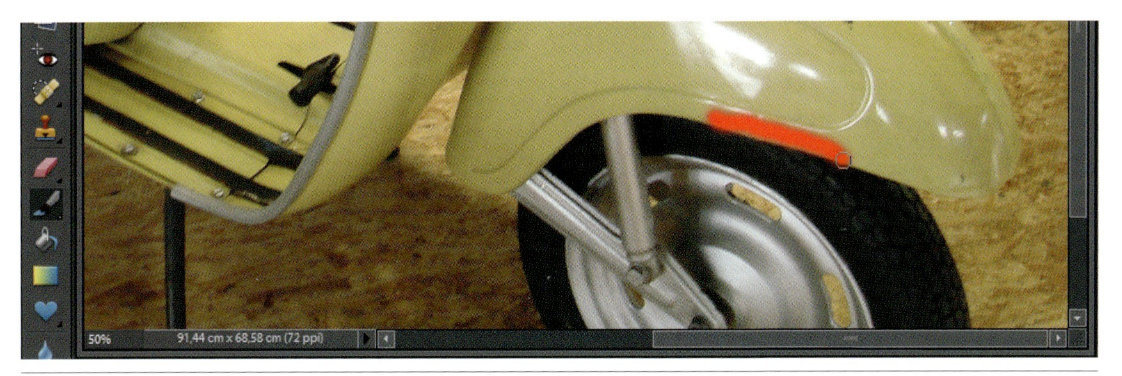

Vielleicht sollte man die Lackierung einem Fachmann überlassen?

Haben Sie schon einmal versucht, mithilfe des Werkzeugs *Pinsel* die Farbe einer Fläche auf Ihrem Bild zu verändern und waren anschließend von dem Ergebnis enttäuscht? War nur ein fransiger Verlauf zu sehen, weil es Ihnen nicht gelungen ist, den Pinsel „genau" zu führen?

Um bestimmte Bereiche innerhalb eines Bildes gezielt bearbeiten zu können, müssen Sie diese zuvor auswählen. Man spricht in diesem Zusammenhang auch von „maskieren". Effekte, die Sie auf die Maske anwenden, werden dann ausschließlich nur dort angewandt.

Tipp

Seien Sie aber nicht enttäuscht, wenn sich nach den ersten Erfolgen ein bisschen Frust einstellt. Trotz der Vielfalt der Funktionen der Maskierungswerkzeuge ist gerade bei komplexeren Formen die Kombination mehrerer Werkzeuge und eine Menge Geduld erforderlich. Nehmen Sie für Ihre ersten Versuche möglichst ein Objekt, das auf einem einfarbigen Hintergrund steht. Das Maskieren erfordert eine gewisse Übung und Sie sollten sich langsam an schwere Arbeiten, wie etwa das Entfernen von Menschen aus einer Gruppe, heranwagen.

Ein derart ausgewählter Bereich wird durch eine gepunktete Auswahlbegrenzung gekennzeichnet. Der Bereich außerhalb der Auswahlbegrenzung ist beim Verschieben, Kopieren, Malen oder Anwenden von Spezialeffekten im ausgewählten Bereich geschützt.

Einfache Auswahlformen erstellen

Sehr oft variieren die Formen der zu maskierenden Bereiche stark. So finden Sie einfache rechteckige Formen wie die eines Briefkastens oder komplexe Formen wie die eines Tieres oder Menschen.

Deshalb gibt es eine Reihe von Funktionen, die Ihnen Photoshop Elements für das Maskieren zur Verfügung stellt.

Geometrische Ausschnitte können Sie recht einfach erzeugen. Dazu stehen die Auswahlwerkzeuge *Auswahlrechteck* und *Auswahlellipse* für Sie bereit.

1 Wählen Sie das *Auswahlrechteck* durch Anklicken aus.
2 Klicken Sie anschließend in die Bilddatei, um die linke obere Ecke des rechtwinkligen Ausschnitts festzulegen. Halten Sie die Maustaste gedrückt und bewegen Sie die Maus in diago-

naler Richtung. Empfehlenswert ist es, diesen Vorgang von oben nach unten vorzunehmen. Sie können ihn aber in jede Richtung ausführen.

Ziehen Sie den Rahmen auf.

3 Lassen Sie die Maustaste los, sobald sich der auszuwählende Bereich vollständig innerhalb dieses Rahmens befindet.

Daraufhin wird ein rechteckiger Bildausschnitt angezeigt, der von einer sich bewegenden gestrichelten Linie umgeben ist.

Damit haben Sie eine Auswahl erstellt und alle nachfolgenden Aktionen wirken sich ausschließlich auf den gewählten Bereich aus.

Um zu sehen, was das bedeutet, probieren Sie einmal Folgendes: Betätigen Sie die Tastenkombination [Strg]+[X].

Wie Sie sehen, verschwindet augenblicklich der maskierte Bildrahmen und hinterlässt eine weiße

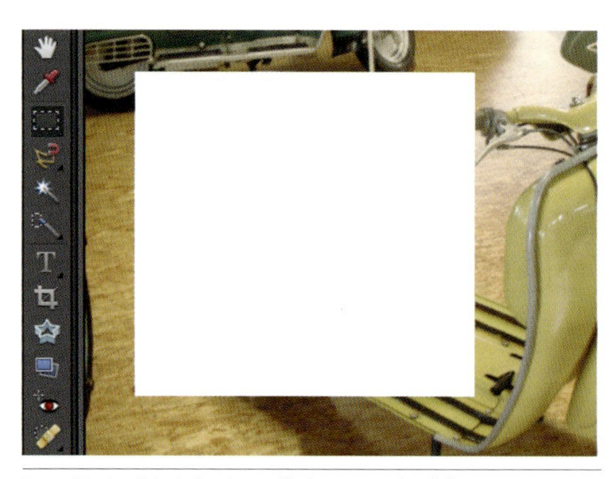

Der gelöschte Inhalt des Auswahlrahmens wird sichtbar.

Lücke. Sie haben den Inhalt des Auswahlrahmens in die Zwischenablage kopiert.

Tipp

Machen Sie die Aktion gleich mit [Strg]+[Z] rückgängig.

Die Vorgehensweise beim Erstellen eines ellipsenförmigen Auswahlrahmens ist nahezu die gleiche wie bei einem rechteckigen.

Sie wählen das Werkzeug *Auswahlellipse* aus und ziehen diagonal einen Rahmen auf.

Tipp

Um eine kreisförmige (wie auch eine quadratische) Auswahl zu erzeugen, halten Sie beim Aufziehen der Aktion die [Umschalt]-Taste gedrückt.

Sind Sie mit der Lage des Auswahlrahmens nicht zufrieden, dann ändern Sie diese wie folgt:

1 Zeigen Sie mit dem noch aktivierten Auswahlwerkzeug in die Auswahl. Der Cursor nimmt daraufhin eine andere Form an.

2 Verschieben Sie bei gedrückter Maustaste den Rahmen an die gewünschte Stelle.

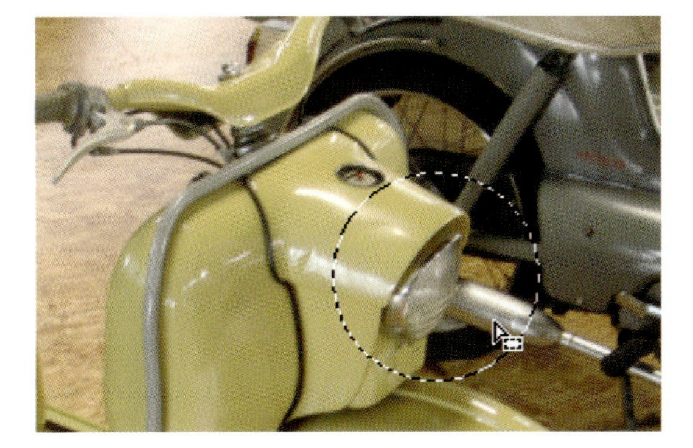

Die Lage des Auswahlrahmens lässt sich nachträglich korrigieren.

3 Hat er seine vorgesehene Lage eingenommen, drücken Sie die Tastenkombination [Strg]+[C], um den Rahmen in die Zwischenablage zu kopieren.

Im Gegensatz zum ersten Fall bleibt diesmal der Auswahlrahmen im Bild gefüllt. Es wurde lediglich eine Kopie in die Zwischenablage übernommen.

Aus einer dergestalt kopierten Auswahl kann problemlos eine neue Bilddatei erstellt werden.

4 Rufen Sie die Menüfolge *Datei/Neu/Bild aus Zwischenablage* auf.

Der vorher kopierte Bildausschnitt wird daraufhin in der neuen Bilddatei angezeigt.

Komplexere Auswahlbereiche anlegen

Häufig kommt es vor, dass mehrere Bereiche eines Bildes ausgewählt und bearbeitet werden sollen. Das erscheint auf den ersten Blick gar nicht so einfach, denn standardmäßig wird ein bestehender Auswahlbereich aufgehoben, sobald Sie einen anderen Bereich auswählen.

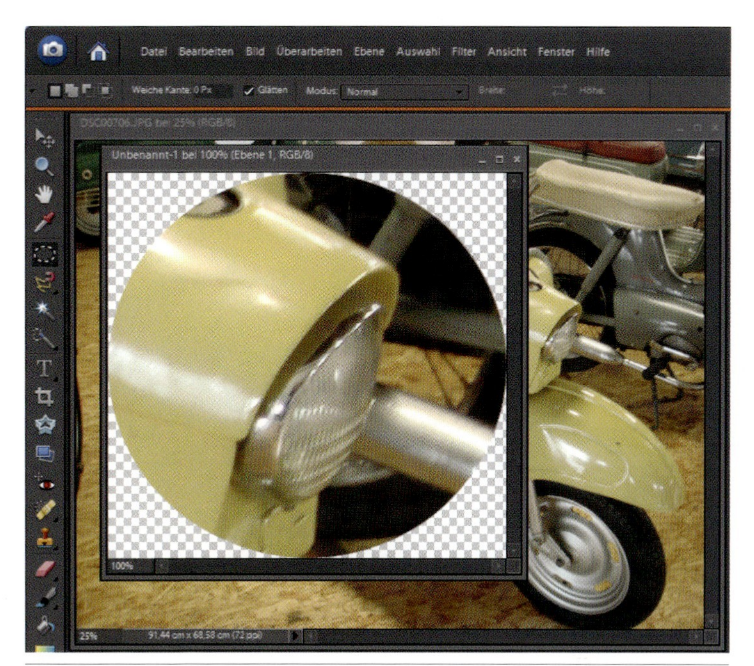

Einfügen der Zwischenablage in ein neues Bild

In einem solchen Fall kombinieren Sie die Auswahlwerkzeuge. Die dazu benötigten Schaltflächen finden Sie in der Symbolleiste.

Kombinationsmöglichkeiten für die Auswahl

Möchten Sie nacheinander mehrere Auswahlbereiche erzeugen, legen Sie zunächst einen Auswahlrahmen mit dem entsprechenden Auswahlwerkzeug fest. Dann aktivieren Sie das Symbol *Der Auswahl hinzufügen*.

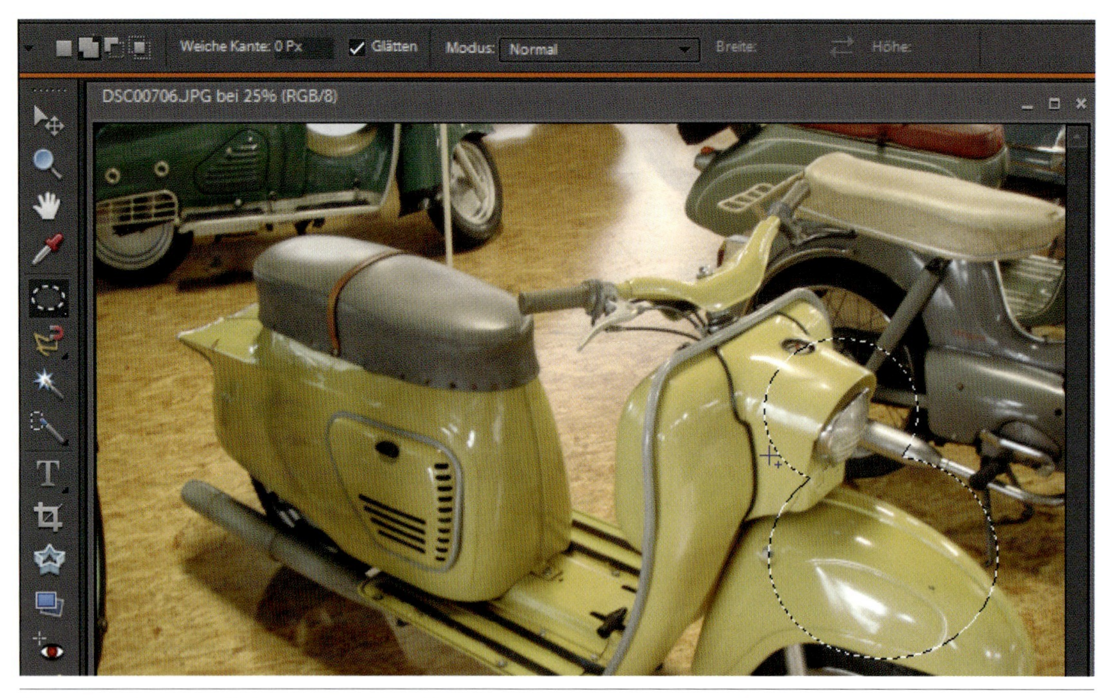

Hier wurden mehrere Auswahlrahmen miteinander kombiniert.

Erzeugen Sie danach weitere Auswahlbereiche. Wenn Sie dabei andere Bereiche schneiden, „laufen“ diese zusammen und bilden so eine Einheit.

Möchten Sie dagegen Bereiche aus einer bestehenden Auswahl entfernen, aktivieren Sie das Symbol *Von Auswahl subtrahieren*.

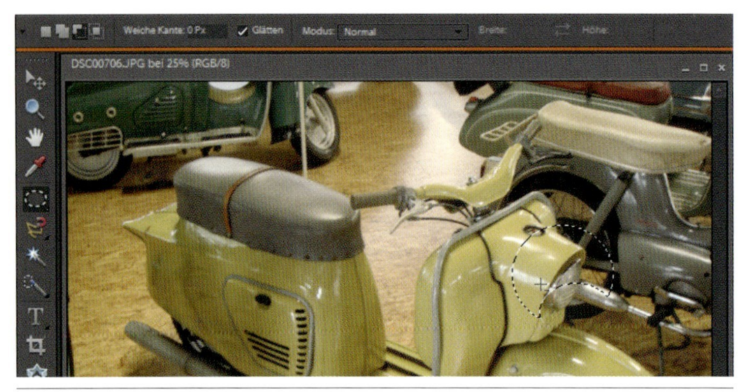

Die Auswahl verringern

Tipp

Schneller (und ohne Aktivierung der Schaltfläche *Der Auswahl hinzufügen*) geht es, wenn Sie beim Erstellen der Auswahlbereiche einfach die [Umschalt]-Taste drücken.

Sofern sich die beiden Auswahlbereiche dabei überlappen, wird der Überlappungsbereich aus der ersten Auswahl entfernt.

Tipp

Halten Sie beim Erstellen des zweiten Auswahlrahmens die [Alt]-Taste gedrückt, können Sie diese Arbeiten vornehmen, ohne vorher das Symbol *Von Auswahl subtrahieren* anwählen zu müssen.

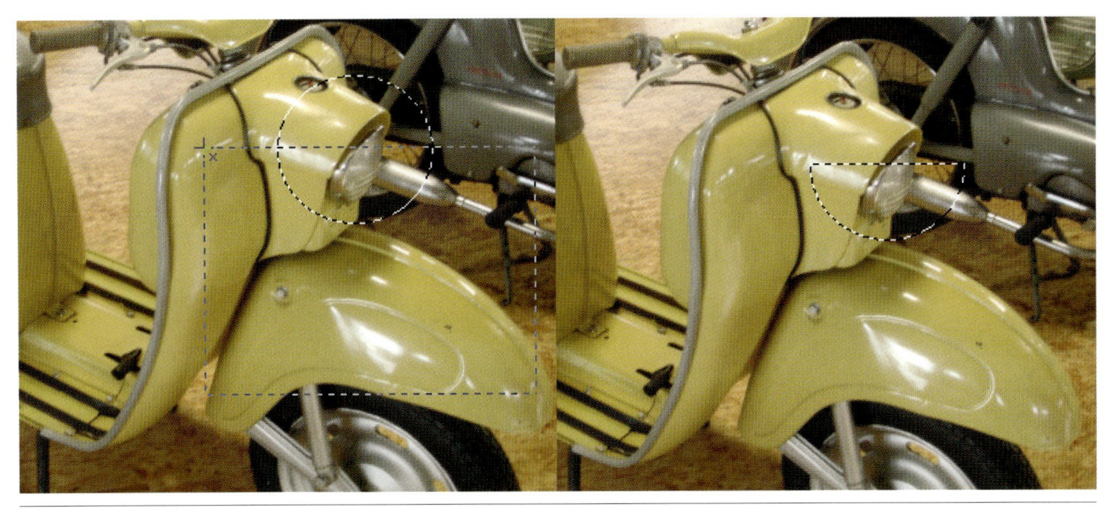

Vorher (links), Nachher (rechts) – komplexe Formen erzeugen

Komplexe Formen können Sie mithilfe von Schnittmengen erhalten. Um einen solchen Auswahlbereich zu erzeugen, müssen Sie zunächst den ersten Auswahlbereich erzeugen und dann in der Optionsleiste die Schaltfläche *Schnittmenge mit Auswahl bilden* aktivieren.

Aus dem Bereich, der den ersten Bereich überlappt, entsteht auf diese Art und Weise ein neuer Auswahlbereich.

Arbeiten mit dem Lasso

Weitaus häufiger als mit geometrischen Formen dürften Sie es mit unterschiedlich geformten Bildmotiven zu tun haben. Da das Maskieren solcher Bildelemente aufwendiger ist, stellt Photoshop Elements Lasso-Werkzeuge zur Verfügung.

Wie im wilden Westen – das Lasso

Mit dem Lasso haben früher die Cowboys ihre Rinder eingefangen. Möchten Sie ein Objekt sauber freistellen, wählen Sie das Werkzeug *Lasso*, das ähnlich funktioniert.

1 Nachdem Sie es ausgewählt haben, nimmt der Mauszeiger die Form eines Lassos an.

Tipp

Das Arbeiten mit diesem Werkzeug erfordert eine ruhige Hand. Sie müssen den Umriss des auszuwählenden Teils mit der gedrückten Maustaste einmal ganz genau umfahren und dürfen die Maus erst wieder loslassen, wenn Sie am Anfang angelangt sind. Wenn Sie vorher absetzen, müssen Sie wieder von vorne anfangen!

2 Klicken Sie auf den Bildbereich, in dem die Kontur beginnen soll. Halten Sie die linke Maustaste gedrückt und zeichnen Sie langsam den gesamten Umriss des freizustellenden Objekts nach. Wenn Sie den Startpunkt wieder erreicht haben, lassen Sie die Maustaste los.

Der Endpunkt wird daraufhin mit dem Startpunkt verbunden und die Auswahl somit geschlossen.

Das Werkzeug *Lasso* erfordert eine ruhige Hand.

Wenn Sie sich das Ergebnis anschauen, dann werden Sie – je nach Ausprägung Ihrer ruhigen Hand und Geduld – mehr oder weniger zufrieden sein. Wie Sie sehen, hangelt sich die Auswahllinie an den einzelnen Pixeln entlang, wie Sie bei ausreichender Vergrößerung erkennen werden.

Der Trick mit dem Klick – das Polygon-Lasso

Wie Sie sicherlich festgestellt haben, ist das Arbeiten mit dem Werkzeug *Lasso* schon recht anstrengend. Möchten Sie Bereiche isolieren, die vorwiegend gerade Kanten aufweisen, dann verwenden Sie besser das Werkzeug *Polygon-Lasso*.

Komfortabler arbeiten mit dem *Polygon-Lasso*

Das *Magnetische Lasso* ermittelt Kontrastunterschiede.

Dieses erstellt einen Auswahlbereich auf Basis von Polygonzügen, die aus einer Reihe von geraden Linien bestehen.

1 Wenn der Mauszeiger die Form des Werkzeugs angenommen hat, führen Sie es an den Punkt, an dem die Kontur beginnen soll.
2 Klicken Sie dort einmal mit der Maus. Bewegen Sie den Mauszeiger – ohne dabei die Maustaste zu drücken – nun an den Punkt, an dem ein Richtungswechsel stattfinden soll, und klicken Sie dort erneut.

Zwischen den beiden Punkten (den Mausklicks) erscheint nun eine Linie.

3 Wiederholen Sie die eben gezeigten Schritte so lange, bis der entsprechende Bildbereich völlig eingerahmt ist.
4 Um die Auswahl zu schließen, bewegen Sie die Maus in die Nähe des Startpunkts. Dort klicken Sie einmal, um den Auswahlrahmen zu vollenden.

Tipp

Hilfreich ist es übrigens, wenn Sie vor der Arbeit mit dem *Lasso* dafür sorgen, dass die Bilddatei so groß wie möglich dargestellt wird. So lassen sich die Umrisse besser umfahren. Klicken Sie dazu bei gedrückter *[Strg]*-Taste mit der [+]-Taste so lange, bis die gewünschte Vergrößerung erreicht ist, oder verwenden Sie das Werkzeug *Lupe*.

Klick und hält – das magnetische Lasso

Noch etwas komfortabler geht es mit dem halbautomatischen Werkzeug *Magnetisches Lasso*. Mit diesem legen Sie einen Startpunkt fest und führen das Werkzeug an der Kontur entlang. Dabei ermittelt das Werkzeug automatisch den Verlauf der Kontur anhand der auftretenden Kontrastunterschiede, sodass dieses Werkzeug immer dann er-

Der Zauberstab arbeitet mit Helligkeitswerten.

ste Wahl ist, wenn sich das freizustellende Objekt vom übrigen Motiv abhebt.

1 Klicken Sie Punkt für Punkt den Umriss entlang.

Weitere Bereiche der Auswahl hinzufügen

2 Haben Sie sich „verklickt“, dann können Sie mit der [Entf]-Taste den letzten Punkt löschen und ihn neu setzen.

3 Wenn Sie wieder zum Startpunkt gelangt sind, beenden Sie das Freistellen mit einem einfachen Klick.

Tipp

Haben Sie dabei aus Versehen zu viele Bildpunkte erwischt, dann können Sie das Verfahren auch umkehren und diese auf folgende Weise aus dem Bereich entfernen: Aktivieren Sie in der Optionsleiste das Symbol *Von Auswahl subtrahieren*. Klicken Sie anschließend auf die Bereiche, die Sie entfernen möchten.

Komplexe Bereiche mit dem Zauberstab freistellen

Eine Variante der beliebig geformten Bildausschnitte, die sehr häufig anzutreffen ist, sind äußerst komplexe Bereiche, die die gleiche oder eine ähnliche Farbe aufweisen.

Diese Bereiche lassen sich am besten mit dem Werkzeug *Zauberstab* einfangen. So können Sie mit einem einzigen Klick auf einen bestimmten Bildpunkt ähnliche Bildpunkte auswählen, die dann den Bereich definieren. Das Werkzeug orientiert sich dabei an den Helligkeitswerten der einzelnen Pixel und sollte deshalb zuvor auf die jeweiligen Bedürfnisse eingestellt werden.

1 Wenn Sie das Werkzeug ausgewählt haben, sollten Sie zunächst in der Symbolleiste die folgenden Einstellungsmöglichkeiten überprüfen:

- *Toleranz*: In diesem Feld (Photoshop Elements gibt standardmäßig den Wert 32 vor)

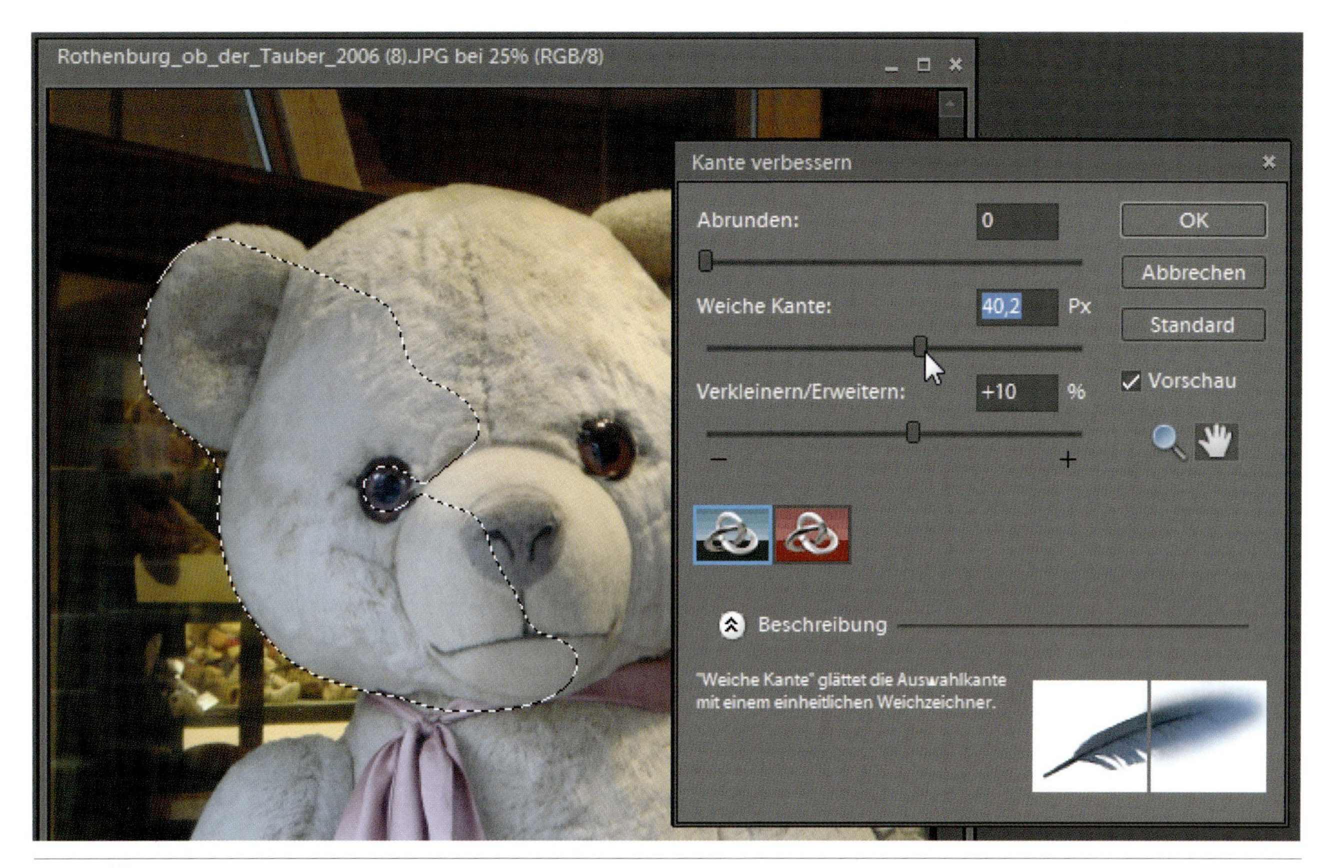

Die Auswahlkante erweitern

legen Sie einen Wert von 0 bis 255 fest und bestimmen so den Wertebereich der Farben, die ebenfalls in die Auswahl mit aufgenommen werden. Je geringer Sie diesen Wert einstellen, desto größer ist die Farbähnlichkeit.

- *Glätten*: Haben Sie das Kontrollkästchen aktiviert, dann erzeugt das Programm weiche Konturen entlang der Auswahlbegrenzungen. Eventuell auftretende Fransen werden dabei entfernt.
- *Benachbart*: Die Aktivierung dieses Kontrollkästchens führt dazu, dass nur die Farben eines zusammenhängenden Bereichs ausgewählt werden. Deaktivieren Sie diese Option, dann werden alle Pixel mit der ausgewählten Farbe im gesamten Bild ausfindig gemacht und markiert.

Wenn Sie die Einstellungen getroffen haben, fahren Sie wie folgt fort:

2 Klicken Sie mit dem Werkzeug *Zauberstab* auf die Farbe innerhalb des Bildes, die markiert werden soll.

Das Programm ermittelt daraufhin eigenständig die nebeneinander liegenden Bildpunkte und markiert diese, sofern sie innerhalb der eingestellten

Farbtoleranz liegen. Haben Sie diese Toleranz nicht hoch genug eingestellt, verbleiben freie Bereiche. Sie müssen jedoch nicht von vorne beginnen, da das Programm bei Auswahl des Werkzeugs die Option *Der Auswahl hinzufügen* eingeschaltet hat.

3 Klicken Sie dann mit dem *Zauberstab* auf die noch nicht ausgewählten Bereiche. Diese werden daraufhin den bis dahin ausgewählten hinzugefügt.

Auswahlbereiche, die Sie mit dem jeweiligen *Lasso* oder dem *Zauberstab* erstellen, weisen sehr oft einen fransigen Konturverlauf auf. Zwar können Sie den Grad dieser Unregelmäßigkeiten durch Aktivieren des Kontrollkästchens *Glätten* im Optionsfeld weitestgehend minimieren. Sie können aber auch nachträglich einen weicheren Konturenverlauf erhalten, wenn Sie die entsprechenden Einstellungen im Dialogfenster *Kante verbessern* vornehmen.

Rufen Sie das Dialogfenster über die gleichnamige Schaltfläche auf und ziehen Sie den Regler *Weiche Kante* nach rechts, um die Kante zu glätten. Wenn Sie dabei das Kontrollkästchen *Vorschau* aktiviert haben, können Sie die Auswirkung sofort im Bild erkennen.

Ebenen – das Optimum der Bereichsbearbeitung

Nachdem Sie im vorherigen Kapitel gesehen haben, wie man Bildbereiche gezielt auswählen kann,

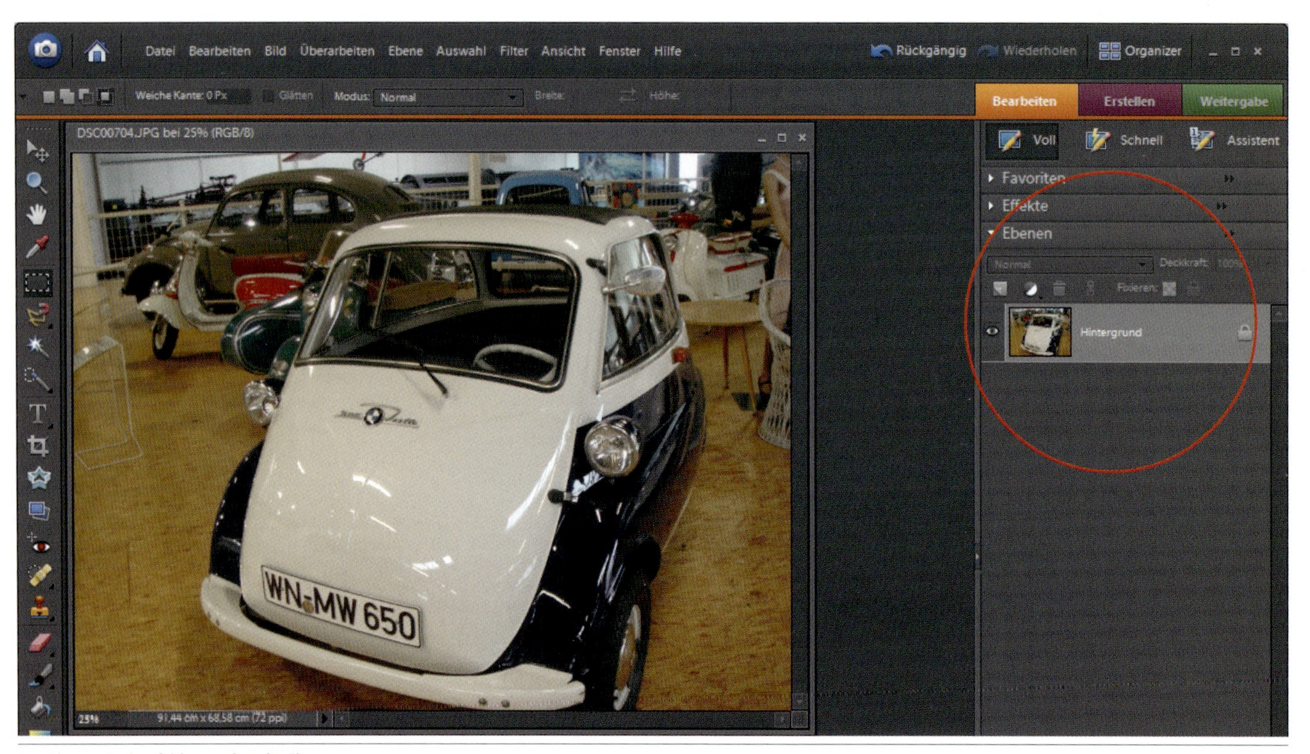

Das *Ebenen*-Bedienfeld verwaltet die Ebenen.

geht es in diesem Abschnitt um die Bearbeitung derselben.

Das Arbeiten mit Ebenen gestaltet sich leichter, wenn Sie sich die Ebenen als durchsichtige Folien vorstellen, die exakt übereinander liegen. Dieses Prinzip kennen Sie vielleicht von den Overheadfolien her, bei denen man verschiedene Zustände ebenfalls durch Übereinanderlegen von Folien anzeigen kann.

So geht's

Beim Erstellen eines neuen Bildes in Photoshop Elements besteht dieses zunächst aus lediglich einer Hintergrundebene. Diese können Sie sich sogar anzeigen lassen.

Laden Sie – sofern nicht schon geschehen – eine Bilddatei. Betrachten Sie nun einmal das Bedienfeld *Ebenen*.

Wie Sie sehen, wird Ihnen hier die Hintergrundebene angezeigt.

In jedes Bild können Sie nun weitere Ebenen einfügen, die Sie separat bearbeiten können. Auf diesen Ebenen können Sie Texte eingeben, Objekte einfügen oder auch Umfärbungen vornehmen.

Und genau das soll am Beispiel demonstriert werden. Wenn Sie einmal wissen wollen, wie Ihr Auto mit einer anderen Farbe aussieht, können Sie das mithilfe von Ebenen schnell austesten.

1. Erstellen Sie zunächst einen entsprechenden Auswahlrahmen.
2. Kopieren Sie dann den Inhalt in die Zwischenablage. Erledigen Sie das mit der Tastenkombination [Strg]+[C]. Fügen Sie unmittelbar danach den so kopierten Bereich wieder in das Bild ein, indem Sie die Tastenfolge [Strg]+[V] betätigen.

Zunächst sieht es so aus, als ob nichts passiert ist. Wenn Sie aber einen Blick in das *Ebenen*-Bedienfeld werfen, können Sie einen Unterschied erkennen. Beim Einfügen wurde automatisch eine neue Ebene erstellt und der eingefügte Bereich wurde in dieser Ebene platziert.

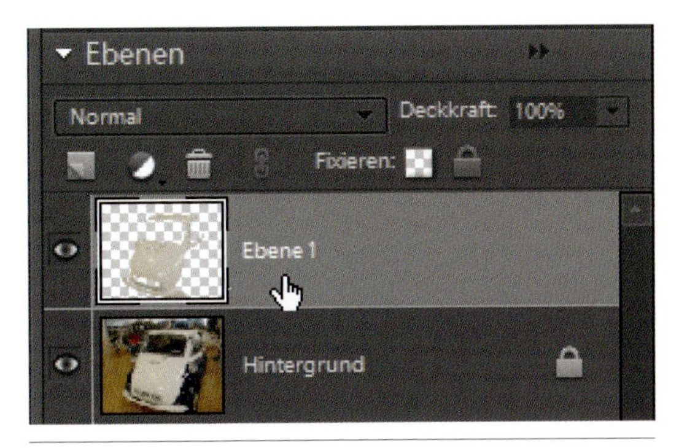

Die neue Ebene wurde eingefügt.

Sicherlich ist Ihnen auch gleich das Augensymbol vor den Ebenen aufgefallen. Möchten Sie eine Ebene ausblenden, klicken Sie einfach darauf und augenblicklich wird diese Ebene nicht mehr angezeigt.

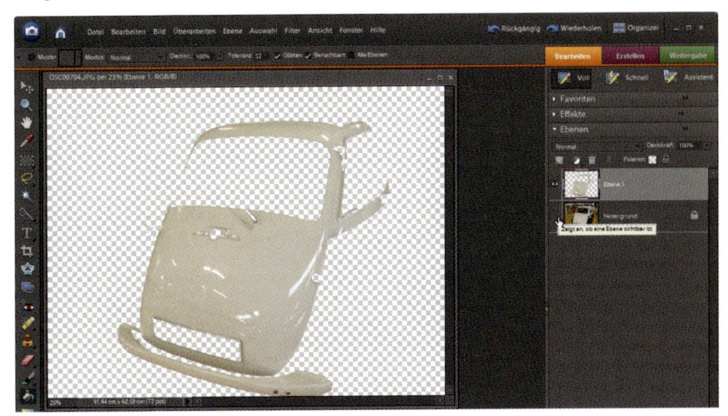

Die Hintergrundebene wurde ausgeblendet.

Praktischer Einsatz von Ebenen

Ebenen sind immer dann praktisch, wenn Sie bestimmte Bildteile bearbeiten oder ein ganzes Bild verbessern möchten.

Interessante Effekte durch Auswahlbereiche

Ebenen sollten Sie immer dann einsetzen, wenn Sie einen Auswahlbereich mit einer Farbe, einem Muster oder einem gespeicherten Bildteil füllen und somit recht interessante Effekte erzielen wollen.

1 Legen Sie zunächst von dem Auswahlbereich eine neue Ebene an und blenden Sie dann die Hintergrundebene über das Augensymbol aus.

Tipp

Sinnvoll ist es, diesen Auswahlbereich als eigene Ebene einzufügen und diese zu bearbeiten. Wenn Sie sich für diese Vorgehensweise entscheiden, müssen Sie allerdings die Auswahl in der neuen Ebene abermals maskieren, damit die folgenden Schritte funktionieren.

2 Um eine Füllfarbe einzustellen, führen Sie einen Doppelklick auf das Symbol *Vordergrundfarbe einstellen* in der Werkzeugleiste aus.

Die Füllfarbe einstellen

3 Dadurch erhalten Sie den Farbwähler, in dem Sie die gewünschte Farbe einstellen und mit *OK* bestätigen.

4 Rufen Sie anschließend *Bearbeiten/Auswahl füllen* auf. Es erscheint das Dialogfenster *Ebene füllen*, in dem Sie die folgenden Einstellungen treffen können:

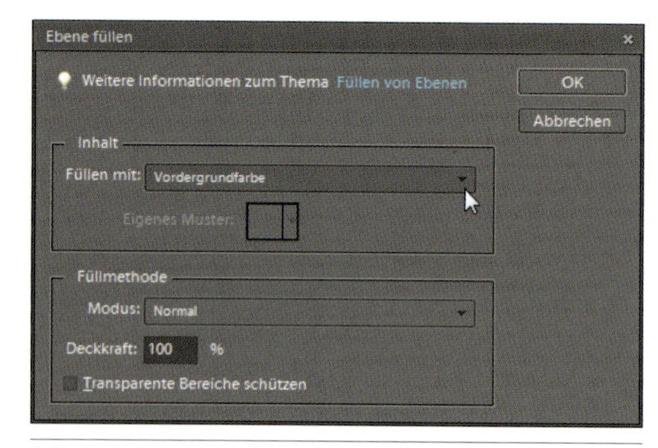

Nehmen Sie hier die Einstellung für die Füllung vor.

- Im Listenfeld *Füllen mit* wählen Sie die gewünschte Farbe aus. Da hier im Vorfeld die *Vordergrundfarbe* bereits eingestellt wurde, belassen Sie es bei dieser Einstellung. Gleiches gilt für das Feld *Modus*, in dem Sie verschiedene Füllmodi festlegen können. Wenn Sie das Beispiel in diesem Abschnitt nachvollzogen haben, sollten Sie einmal die verschiedenen Einstellungen ausprobieren. Am Ende belassen Sie es hier bei der Einstellung *Normal*.
- Abschließend legen Sie noch die *Deckkraft* fest. Die Werte für diese Option können zwischen 1 und 100 % liegen. Wählen Sie hier keinen zu hohen Wert, da das Ergebnis sonst nicht sehr überzeugend wirkt. Zum transparenten Malen oder für schwache Effekte müssen niedrige Prozentwerte eingegeben werden. Möchten Sie deckend malen, so stellen Sie hier hohe Werte ein. Probieren

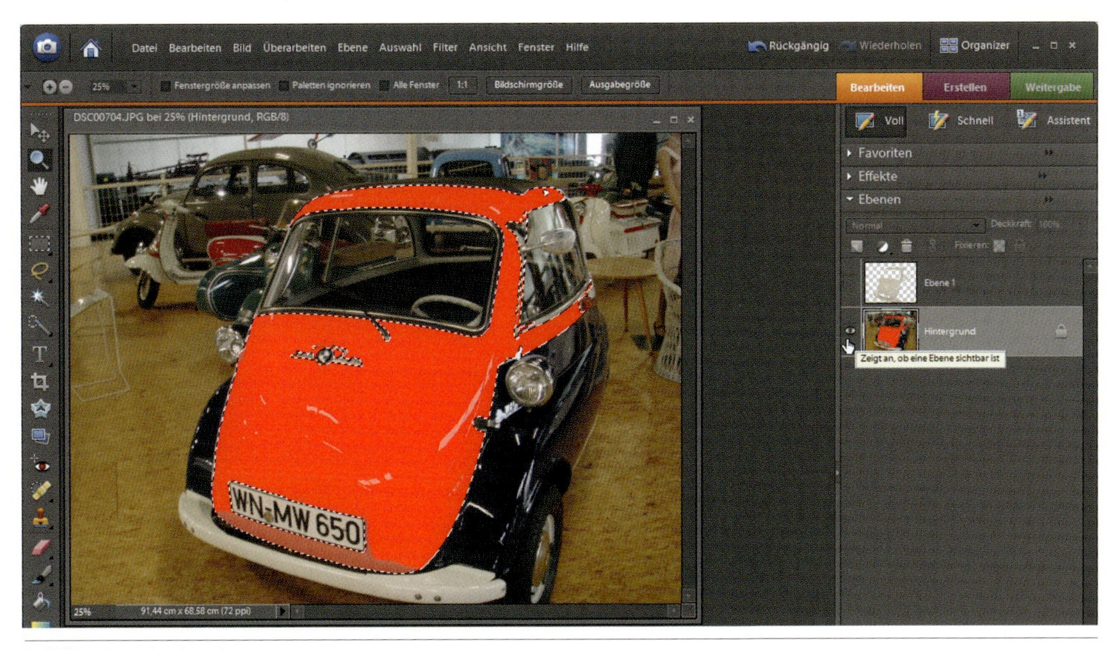

Auffällig wäre es bestimmt!

Sie zunächst einmal einen Wert um die 50 %.

5 Schließen Sie anschließend das Fenster mit *OK*, um den Effekt zu sehen. Blenden Sie die ausgeblendete Hintergrundebene ein, um einen kompletten Eindruck zu bekommen.

Anstatt einen Bildbereich mit einer Farbe zu füllen, können Sie auch ein Muster verwenden.

1 In einem solchen Fall legen Sie zunächst wieder für den zu füllenden Bereich einen Auswahlrahmen fest.
2 Anschließend rufen Sie die Menüfolge *Bearbeiten/Auswahl füllen* auf, um sich das gleichnamige Dialogfenster auf den Bildschirm zu holen.
3 Hier klicken Sie in das Listenfeld *Füllen mit* und wählen den Eintrag *Muster* aus. Klicken

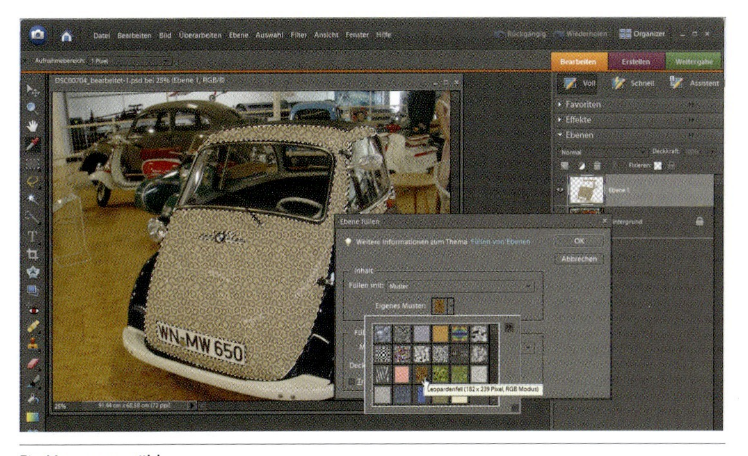

Ein Muster auswählen

Tipp

Sollten Ihnen die Muster nicht zusagen, können Sie über das Bedienfeldmenü (der Doppelpfeil) weitere Muster aufrufen.

Sie auf den nach unten weisenden Pfeil, der sich neben dem Feld *Eigenes Muster* befindet und wählen in dem erscheinenden Listenfeld das von Ihnen bevorzugte Muster aus.

Experimentieren mit Einstellungsebenen

Mit sogenannten Einstellungsebenen können Sie bedenkenlos herumexperimentieren, ohne die Pixel im Bild permanent zu ändern. Hierbei werden die Änderungen wie eine Glasplatte über die Ebenen gelegt, die sich unter der Einstellungsebene befinden. Änderungen, die Sie auf diesen Ebenen durchführen, haben keinerlei Auswirkung auf die Originalbildpunkte und erlauben so ein befreites Herumexperimentieren.

1 Klicken Sie im Bedienfeld *Ebenen* auf das Symbol *Einstellungsebene erstellen*, um eine solche Ebene zu erzeugen.

Es öffnet sich ein Menü, das die verschiedenen Optionen zur Korrektur auflistet.

Eine Einstellungsebene erstellen

2 Wählen Sie dann die gewünschte Korrekturmethode aus und nehmen Sie die entsprechenden Einstellungen vor. Schließen Sie dann die Arbeit mit einem Klick auf *OK* ab.

Nachdem Sie die Einstellungen vorgenommen haben, erscheint im Bedienfeld *Ebenen* die Einstellungsebene mit dem entsprechenden Namen, begleitet von einem eigenen hinweisenden Symbol.

Die neue Einstellungsebene ist im Bedienfeld sichtbar.

Tipp

Einstellungsebenen eignen sich besonders gut zur Korrektur von Bildern, da Sie hier durch Ein- und Ausblenden des Augensymbols zwischen Vorher und Nachher unterscheiden können.

Möchten Sie die Einstellungsebene nachträglich ändern, dann genügt auch hier ein Doppelklick auf die Einstellungsebene, um das entsprechende Dialogfenster aufzurufen.

Ebene löschen

Sollte einer der zuvor gezeigten Schritte schiefgegangen sein, so ist das ab jetzt kein Grund zur Panik. Löschen Sie einfach die Ebene und das Malheur ist behoben. Die Hintergrundebene bleibt Ihnen nämlich in jedem Fall erhalten.

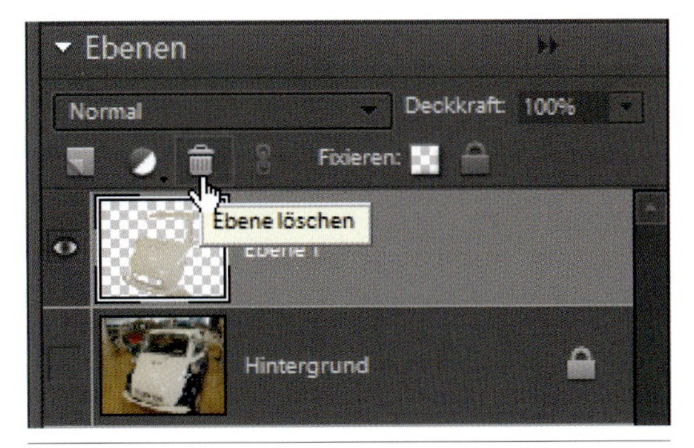

Eine Ebene löschen

Um eine Ebene zu löschen, muss diese markiert sein. Anschließend klicken Sie noch auf das Mülleimersymbol im Bedienfeld *Ebenen* (*Ebene löschen*): Das war es dann auch schon.

Wahr oder nicht wahr – die Bildmanipulation

Glauben Sie auch nur, was Sie sehen? Früher hieß es noch so schön: Bilder lügen nicht. Doch das kann schnell ins Auge gehen, wie Sie gleich sehen werden. Bilder sind schon lange kein Beweis mehr, denn mit wenigen Schritten können Sie Elemente aus Bildern entfernen, neue hinzufügen oder ganz neue Bilder schaffen.

Retuschieren Sie Ihre Bilder

Bestimmt haben Sie auch ein paar Bilder, bei denen gerade in dem Moment, in dem Sie auslösten, Passanten durchs Bild huschten. Wie Sie diese ohne großen Ärger aus dem Bild bekommen, erfahren Sie jetzt.

Die folgenden Schritte sollten Sie besser an einer eigenen Ebene vornehmen. So können Sie jederzeit auf das Ursprungsbild zurückgreifen und sehen zudem, ob die Retusche erfolgreich war.

1 Nachdem Sie das betreffende Foto geladen haben, duplizieren Sie als Erstes die Hintergrundebene. Klicken Sie mit der rechten Maustaste auf die Ebene *Hintergrund* und wählen Sie aus dem Kontextmenü *Ebene duplizieren*.

2 Aktivieren Sie die neue Ebene und blenden Sie die Ebene *Hintergrund* aus. Vergrößern Sie die kritische Stelle mit der Lupe. Das geht am schnellsten, wenn Sie mit dem Werkzeug *Lupe* einen Rahmen um diese ziehen.

Arbeiten Sie am besten mit einer duplizieren Ebene.

Hinweis

Stören Sie sich nicht daran, dass Sie bei einer hohen Auflösung unter Umständen die einzelnen Bildpunkte erkennen. Wichtig ist nur, dass Sie das Objekt selbst erkennen.

Um die Passanten vor dem Tor zu entfernen, benötigen Sie den sogenannten *Kopierstempel*. Mit diesem Werkzeug können Sie Bildpunkte von einem Bereich des Fotos in andere Bereiche kopieren, weshalb dieses Werkzeug für unsere Zwecke hervorragend geeignet ist.

3 Nachdem Sie das Werkzeug ausgewählt haben, müssen Sie zunächst einige Optionen einstellen. Diese nehmen Sie in der Optionsleiste vor.

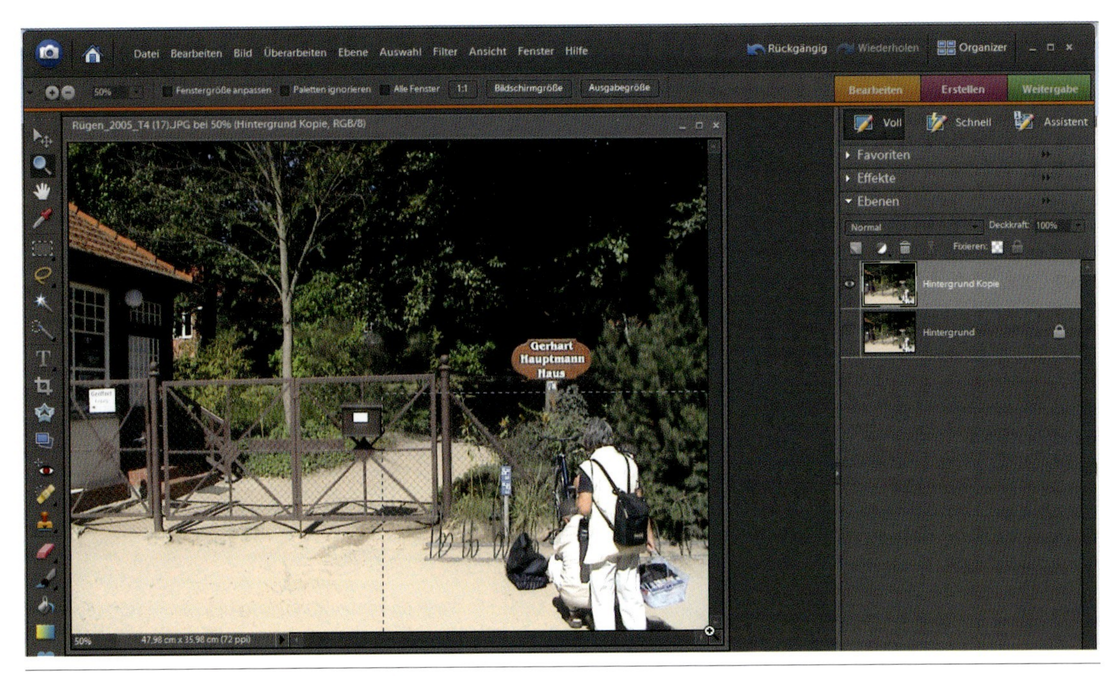

Vergrößern Sie den zu entfernenden Bereich.

Neben dem Feld *Pinsel* wird Ihnen die aktuelle Größe des Werkzeugs angezeigt. Daneben befindet sich ein kleiner, nach unten weisender Pfeil.

Hinweis

Welchen Pinsel Sie auswählen, hängt von der Problemstellung ab. Für unsere Aufgabenstellung benötigen Sie einen nicht zu großen Pinsel mit weichem Rand. Obwohl ein kleiner Pinsel natürlich mehr Arbeit bedeutet, fallen so die Veränderungen nicht so sehr auf. Von Bedeutung kann noch die Einstellung der *Deckkraft* sein. Sie bestimmt, mit welcher Stärke die ausgewählten Bildpunkte auf die schadhafte Stelle kopiert werden sollen. Wenn Sie auf den kleinen, nach rechts weisenden Pfeil klicken, erscheint ein Schieberegler, mit dessen Hilfe Sie den benötigten Wert einstellen können. Wenn, wie in unserem Beispielfall, eine bestimmte Stelle völlig überdeckt werden soll, sind 100 % genau die richtige Einstellung.

Mit einem Klick darauf, klappt eine Liste aus, die eine Reihe von Pinseln enthält. Hier können Sie einerseits festlegen, wie groß der Pinsel sein soll, und andererseits, welches Randverhalten er zeigen soll.

Am Anfang der Liste finden Sie die Pinsel, die einen scharfen Rand aufweisen, am Ende der Liste dagegen die Pinsel, deren Rand weich in den Untergrund verläuft.

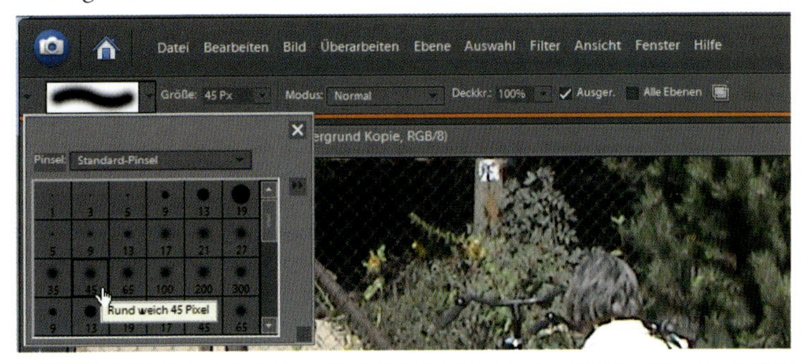

Die Pinselform des Kopierpinsels festlegen

4 Platzieren Sie den Mauszeiger vor die beiden Passanten im Sand. Zunächst sehen Sie nur einen Kreis. Klicken Sie mit gedrückter [Alt]-Taste einmal an diese Stelle. Der Mauszeiger nimmt daraufhin kurz die Form des Werkzeugs *Kopierstempel* an.
5 Bewegen Sie nun den Kreis zu den Füßen der Passanten und klicken Sie mit der linken Maustaste. Mit jedem Klick kopieren Sie so ein wenig Pflaster über die Füße und die Beine, sodass diese nach und nach verschwinden.

Wie Sie sicherlich bemerken, wird die angeklickte Stelle mit dem Ursprungspunkt bemalt. Sie kopieren folglich mit diesem Hilfsmittel einen Bereich des Bildes an einen anderen. Wo sich dieser befindet, ist völlig egal. Damit keine Nahtstellen sichtbar werden, ist aber eine gewisse Nähe zum zu übermalenden Objekt ratsam.

6 Klicken Sie mehrfach, um die beiden Personen Stück für Stück zu übermalen.

Tipp

Wenn Ihnen das Tupfen zu mühsam ist, können Sie den Bereich auch übermalen. Dazu lassen Sie die Maustaste nach einem Klick nicht mehr los und streichen – wie beim Streichen im normalen Leben mit einem Pinsel – hier ebenfalls mit dem Mauszeiger über die zu überdeckenden Stellen.

Werfen Sie immer einen Blick auf das Kreuz, welches den Quellort anzeigt. Wenn Sie nämlich nicht aufpassen, kopieren Sie eventuell etwas, was Sie gar nicht wollen. Ferner kann es angebracht sein, den Ausgangsort zu wechseln, damit die Korrektur später nicht wegen ihrer Ebenmäßigkeit auffällt. Dazu wechseln Sie einfach an eine andere Stelle und klicken dort erneut bei gedrückter [Alt]-Taste mit der Maus, um den neuen Ursprungsort festzulegen. Anschließend fahren Sie mit den Kopierarbeiten fort, bis alle Stellen übermalt sind.

7 Wenn Sie fertig sind, sollten Sie das Bild einmal im Ganzen anzeigen. Wählen Sie dazu

Nach und nach verschwinden die Passanten.

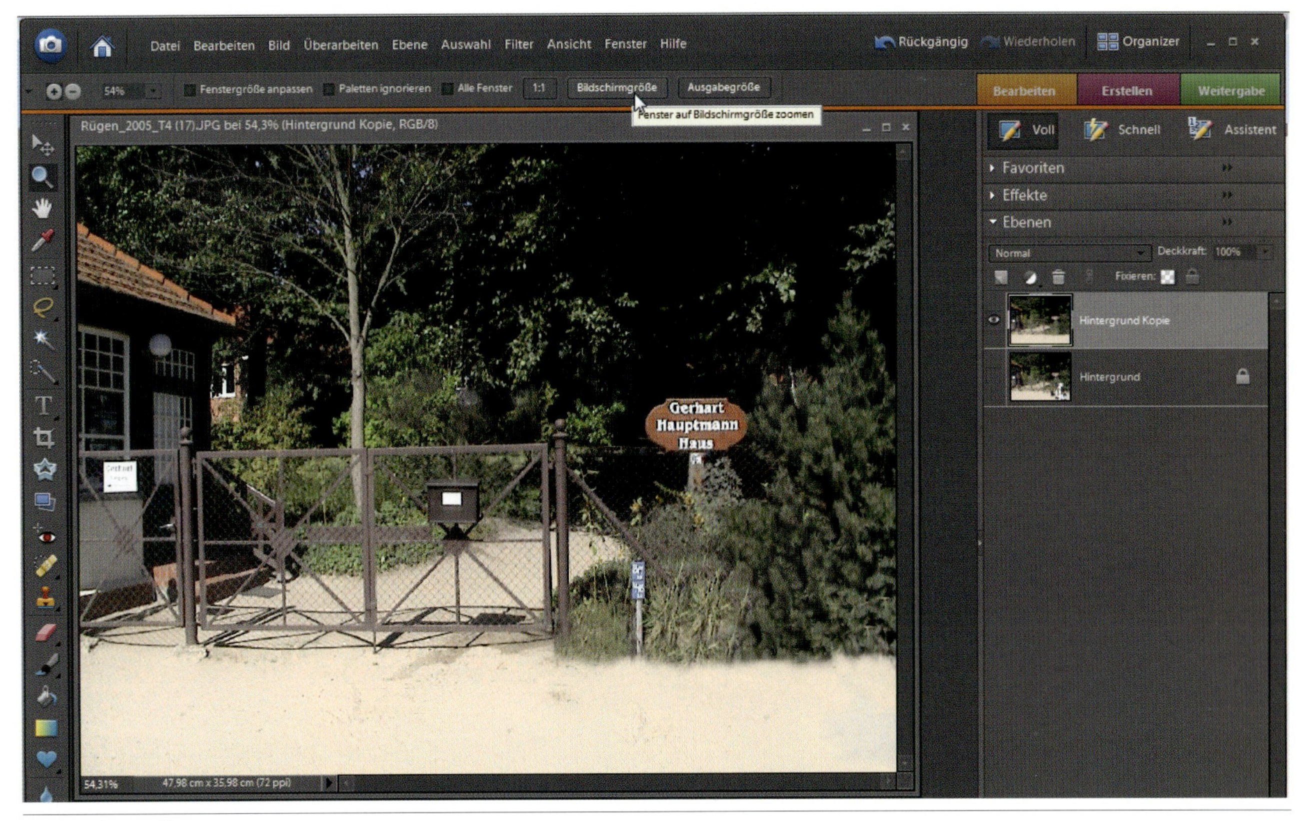

War da mal jemand?

das Werkzeug *Zoom* aus und klicken Sie in der Optionsleiste auf die Schaltfläche *Bildschirmgröße*.

Fotomontagen erstellen

Man kann nicht nur Dinge verschwinden lassen, man kann auch in ein vorhandenes Bild Bildelemente aus anderen Bildern so einpassen, dass man schon genau wissen muss, dass es sich hier um eine sogenannte Fotomontage handelt.

Im Folgenden soll ein Spielzeugdampfer in eine Fotografie so eingebaut werden, als ob er wirklich dort umherfahren würde.

1. Öffnen Sie zunächst das Bild, in welches das Bildelement gesetzt werden soll, und minimieren Sie es, sodass Sie jederzeit darauf zugreifen können.
2. Danach öffnen Sie das Bild mit dem Spielzeugdampfer.

Zunächst muss das Bild ein wenig beschnitten werden. Da die Schraube vollständig zu sehen ist, würde so nicht der Eindruck entstehen, dass das Schiff im Wasser liegt.

3. Aktivieren Sie das *Freistellungswerkzeug* und ziehen Sie einen entsprechenden Rahmen auf.

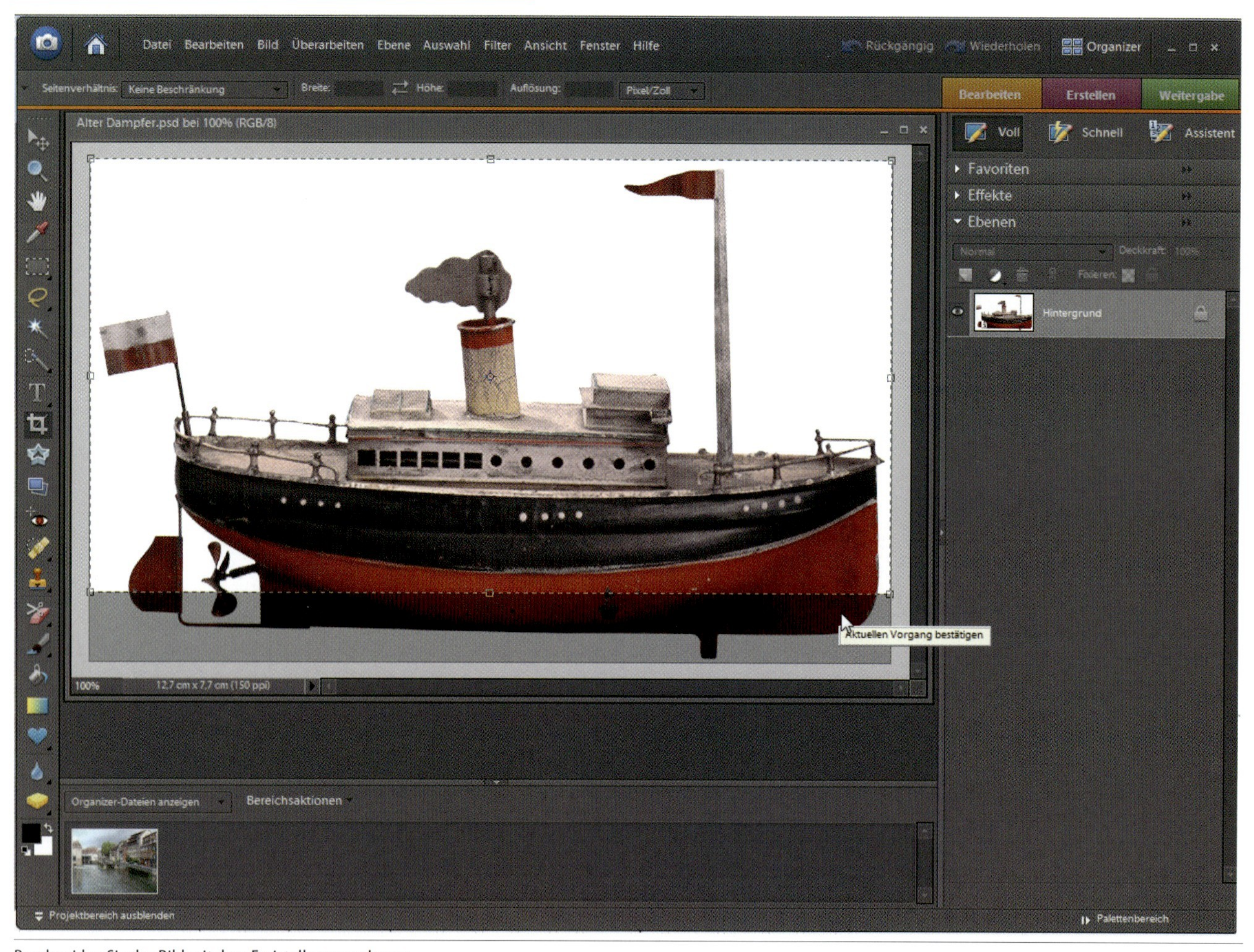

Beschneiden Sie das Bild mit dem Freistellungswerkzeug.

Hinweis

Da Photoshop Elements die außerhalb des Rahmens liegenden Bereiche einfärbt, können Sie die Wasseroberfläche ganz einfach festlegen.

4 Sind Sie mit dem Ergebnis zufrieden, klicken Sie auf die Schaltfläche *Aktuellen Vorgang bestätigen* oder mit dem *Freistellungswerkzeug* doppelt innerhalb des Rahmens.

Damit der Dampfer in das andere Bild montiert werden kann, muss er als Nächstes freigestellt werden, denn der Hintergrund darf nicht sichtbar sein. Diesen Vorgang haben Sie bereits kennengelernt.

5 Wegen des durchgängig weißen Hintergrunds bietet sich hier das Werkzeug *Zauberstab* an. Klicken Sie mit dem Werkzeug auf den weißen Hintergrund.

Im Bereich der Schiffsschraube sowie der Reling bleiben allerdings noch kleine Reste frei, da diese nicht mit der übrigen Fläche zusammenhängen. Diese müssen Sie nachmaskieren, indem Sie die Schaltfläche *Der Auswahl hinzufügen* aktivieren und dann in diese Bereiche klicken.

Stellen Sie den Dampfer vom Hintergrund frei.

Falls Sie sich jetzt wundern, warum Sie den Hintergrund freistellten, wo doch das Schiff aus dem Bild entfernt werden soll, wird Ihnen das sofort klar. Es wäre nämlich viel zu mühsam, das Schiff zu maskieren, da es wesentlich mehr unterschiedliche Bildpunkte enthält.

Die Lösung liegt darin, den Auswahlvorgang einfach umzudrehen.

6 Rufen Sie in der Menüleiste *Auswahl* auf und wählen Sie dort den Menüpunkt *Auswahl umkehren* an.
7 Nun können Sie den Dampfer mühelos in die Zwischenablage kopieren, z. B. durch Drücken von [Strg]+[C]. Wechseln Sie dann in das Fenster, in welches Sie den Dampfer einfügen wollen, und fügen dort den Inhalt der Zwischenablage durch Drücken von [Strg]+[V] ein.

Wenn – wie hier – die Proportionen noch nicht stimmen, können Sie das leicht ändern.

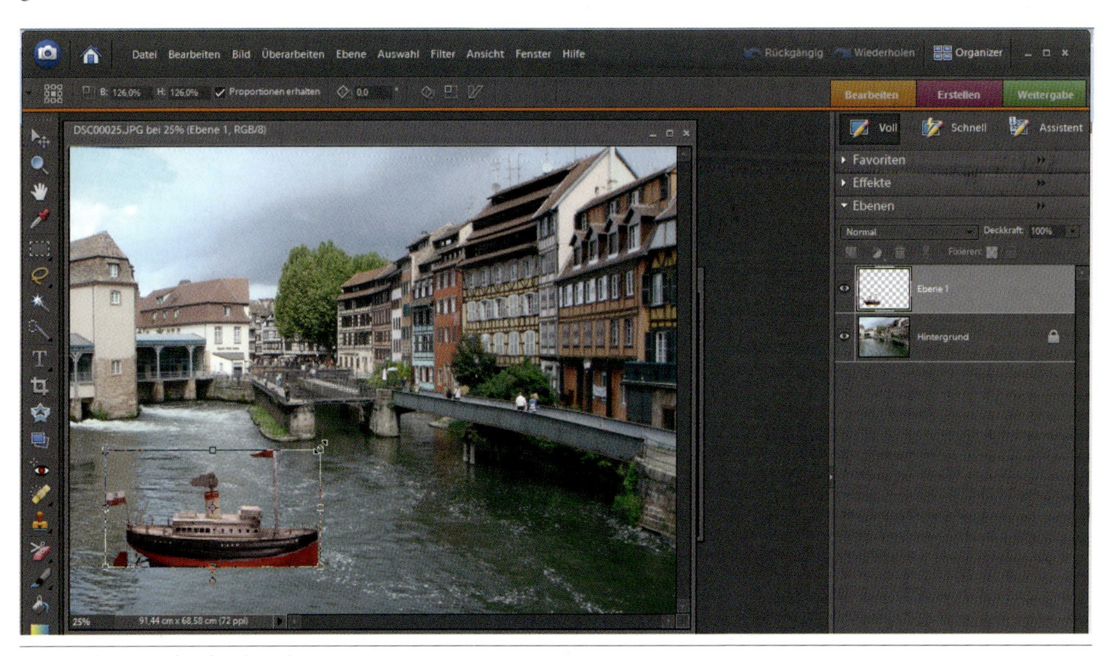

Der Dampfer kann auf große Fahrt gehen.

8 Klicken Sie auf das Werkzeug *Verschieben*. Der eingefügte Dampfer wird daraufhin von einem Rahmen mit Anfassgriffen umgeben. Zeigen Sie dann auf einen der Eckanfasser und ziehen Sie das eingefügte Objekt so lange diagonal zur Mitte des Bildes, bis Ihnen die Größe zusagt.

Bei genauer Betrachtung fällt noch der glatte Schnitt am Rumpf des Schiffes auf. Das soll im Folgenden geändert werden.

Dieses kleine Manko können Sie mit dem *Wischfinger* beheben. Dieses Werkzeug simuliert den Effekt, der entsteht, wenn ein Finger durch nasse Farbe gezogen wird. Dabei nimmt es Farben an der Stelle auf, an der Sie zu ziehen beginnen und verschiebt sie in die Zugrichtung. Es ist somit genau das richtige Werkzeug, um die Wellen auf dem Schiffsrumpf zu erzeugen.

Tipp

Suchen Sie anschließend eine nicht zu große Spitze aus, damit ein möglichst natürlicher Eindruck entstehen kann.

9 Klicken Sie in der Werkzeugleiste auf das Werkzeug, um es zu aktivieren. Sie finden es im Flyout-Menü des Werkzeugs *Weichzeichner*.

Wählen Sie in der Optionsleiste aus dem Feld *Pinsel* eine Werkzeugspitze aus. Um ein möglichst natürliches Aussehen zu erhalten, wählen Sie am besten eine der *Natürlichen Spitzen* aus. Sie erhalten diese, wenn Sie auf den kleinen runden Pfeil auf der rechten Seite des Dialogfensters *Pinsel* klicken.

Achten Sie als Nächstes darauf, dass die Option *Fingerfarbe* deaktiviert ist. In diesem Fall verwendet der Wischfinger jeweils die Farbe direkt unter

Simulieren Sie die Wellenbewegungen mit dem *Wischfinger*.

Um exakter arbeiten zu können, blenden Sie die Hintergrundebene aus.

dem Zeiger, ansonsten wird bei jedem Ansetzen des Werkzeugs mit der Vordergrundfarbe verwischt.

10 Setzen Sie nun den Cursor unterhalb des Rumpfes an, klicken Sie mit der Maustaste und halten Sie sie gedrückt. Führen Sie kleine kreisförmige Bewegungen in den Rumpf hinein, um so die Wellen zu simulieren.

Achten Sie darauf, dass Sie stets vom Wasser her beginnen. Wenn Sie die gesamte Rumpflinie bearbeitet haben, sollten Sie das Werk abspeichern und es einmal in voller Größe betrachten.

Wenn – wie in dem eben gezeigten Beispielsfall – die Fläche recht dunkel und klein ist, ist das Arbeiten nicht sehr komfortabel. In diesem Fall sollten Sie wieder die Ebenenfunktion nutzen. Klicken Sie auf das Augensymbol der Ebene *Hintergrund*, um diese auszublenden.

Nun können Sie Ihre Arbeiten wie eben gezeigt vornehmen und überprüfen, ob die Wellen ausreichend in den Schiffsrumpf hereinragen.

Schnellreparaturdienst für schadhafte Fotos

Besonders ärgerlich ist es, wenn Ihr Lieblingsfoto einen oder gar mehrere Kratzer erhalten hat.

Kleinere Fehler können Sie am besten mit dem Ihnen schon bekannten *Kopierstempel* beheben. Eine weitere Möglichkeit, solche kleinen Kratzer bzw. Unebenheiten zu entfernen, bietet das Werkzeug *Reparatur-Pinsel*. Dieses Werkzeug setzen Sie für die kleine Reparatur zwischendurch ein, wenn es darum geht, kleinere Makel zu beseitigen.

Hinweis

Die Funktionsweise entspricht dem Arbeiten mit dem Werkzeug *Kopierstempel*, wobei hier allerdings zusätzlich Struktur, Beleuchtung und auch Schattierung automatisch angepasst werden.

1 Wählen Sie das Werkzeug aus und passen Sie zunächst je nach Größe des Fehlers die Pinselgröße und gegebenenfalls die Deckkraft an.

2 Anschließend klicken Sie auf die schadhafte Stelle, die sofort repariert wird. Von dem Kratzer ist nun nichts mehr zu sehen.

Der Reparaturpinsel für die kleine Reparatur zwischendurch

Die eben gezeigte Methode wird sehr oft, aber nicht immer zum Ziel führen. Das liegt häufig daran, dass man eine Kante sieht. In diesem Fall sollten Sie einen Filter einsetzen. Ein solcher Filter fügt Störungen oder Bildpunkte nach dem Zufallsprinzip hinzu bzw. entfernt sie. Dadurch kann man eine Auswahl an die umliegenden Pixel angleichen.

1 Zunächst muss hier der zerkratzte Bereich mit einem Auswahlwerkzeug markiert werden.

2 Aktivieren Sie dann das Bedienfeld *Effekte*, wählen den Filter *Staub & Kratzer* und klicken doppelt darauf.

Es erscheint das gleichnamige Dialogfenster, in dem Sie die erforderlichen Einstellungen vornehmen können.

3 Achten Sie zunächst darauf, dass das Kontrollkästchen *Vorschau* markiert ist, damit Sie gleich die Auswirkungen Ihrer Einstellungen in dem kleinen Vorschaufenster begutachten können. Verschieben Sie zunächst beide Schieber, für *Radius* und *Schwellenwert*, ganz nach links. Verschieben Sie dann den Regler für *Radius* so weit nach rechts, bis die Kratzer nicht mehr erkennbar sind. Ziehen Sie nun den Regler für den *Schwellenwert* ganz nach rechts und bewegen Sie ihn anschließend so lange langsam nach links, bis der Fehler nicht mehr erkennbar ist.

4 Wenn Sie mit dem Ergebnis zufrieden sind, klicken Sie auf *OK*, um die Korrektur abzuschließen

Kratzer mit einem Filter entfernen

Nie mehr schlechtes Wetter!

Bestimmt haben Sie auch einige Fotos, bei denen eigentlich nur eines fehlt: ein schöner Himmel. Mit Photoshop Elements ist das kein Thema mehr.

Sie benötigen lediglich ein Bild mit einem wunderbaren blauen Himmel. Hier können Sie einen der Bildschirmhintergründe, die bei Windows (beispielsweise bei Windows XP: *Grüne Idylle.bmp* und Windows Vista: *img21.jpg*) serienmäßig dazu gehören, verwenden.

1 Laden Sie beide Bilder in den Editor.
2 Bringen Sie das Bild mit dem schöneren Himmel in den Vordergrund und versehen Sie es komplett mit einem Auswahlrahmen durch Drücken von [Strg]+[A]. Alternativ können Sie auch die Menüfolge *Auswahl/Alles Auswählen* verwenden.
3 Nehmen Sie den Inhalt des Auswahlrahmens durch Drücken von [Strg]+[C] in die Zwischenablage.
4 Wechseln Sie zu dem anderen Foto. Hier müssen Sie zunächst die Hintergrundebene in eine gewöhnliche Ebene umwandeln. Dazu klicken Sie doppelt auf das Ebenensymbol und bestätigen das folgende Dialogfenster *Neue Ebene* mit *OK*.

Die Hintergrundebene in eine gewöhnliche Ebene umwandeln

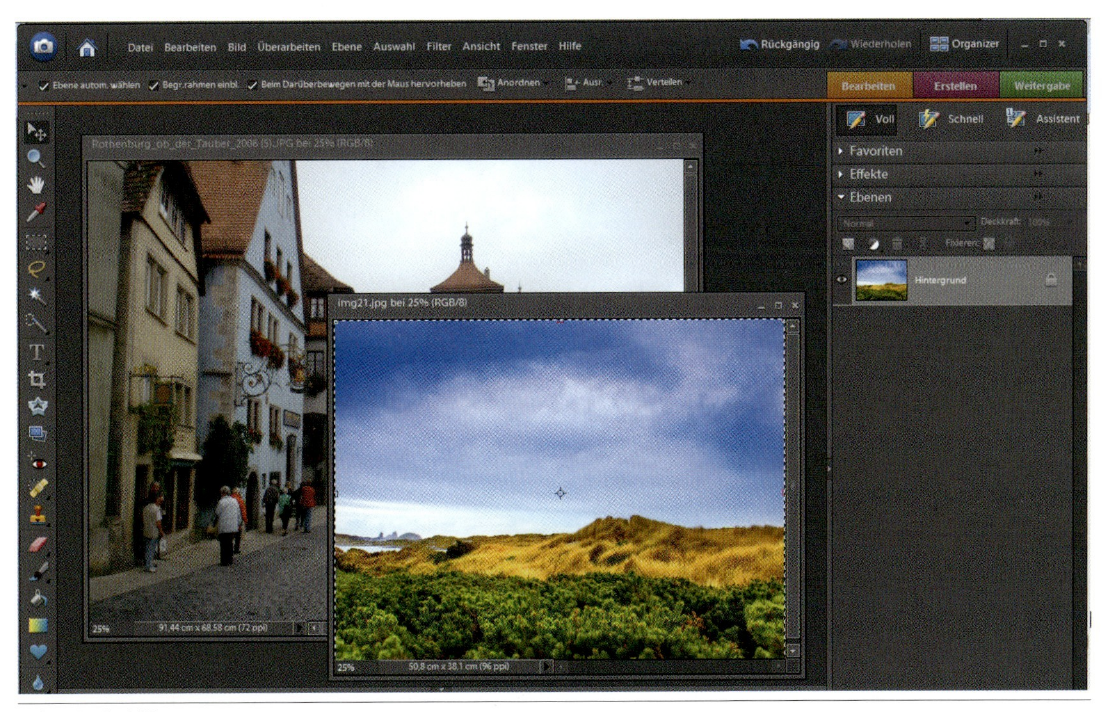

Ordnen Sie die Bilder an.

Wenn Sie möchten, können Sie dieser Ebene natürlich auch einen anderen Namen geben.

5 Jetzt muss der Himmel aus der Zwischenablage in das graue Foto eingefügt werden. Dazu drücken Sie einfach die Tastenkombination [Strg]+[V].
6 Falls die Formate nicht übereinstimmen, skalieren Sie das Bild mithilfe des Werkzeugs *Verschieben* dergestalt, dass es in jedem Fall den Himmel des ersten Fotos abdeckt. Sind Sie damit fertig, bestätigen Sie diesen Vorgang mit einem Doppelklick in den Rahmen oder durch Drücken der [Enter]-Taste.
7 Als Letztes müssen Sie die Ebenen noch austauschen. Dazu zeigen Sie in der Palette *Ebene* auf die Ebene mit dem schönen Himmel und ziehen diese unter das andere Foto.

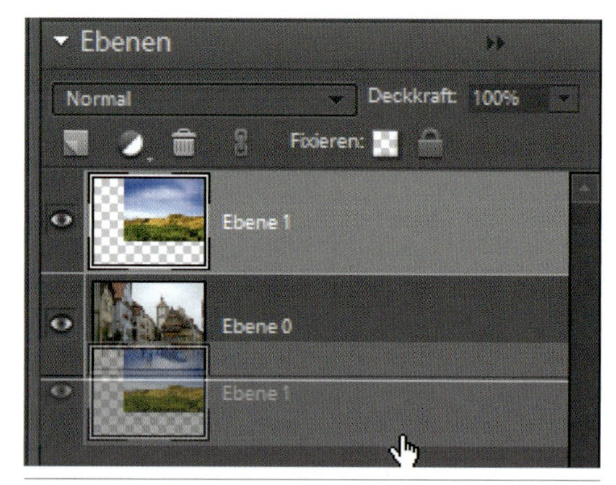

Die Ebenen austauschen

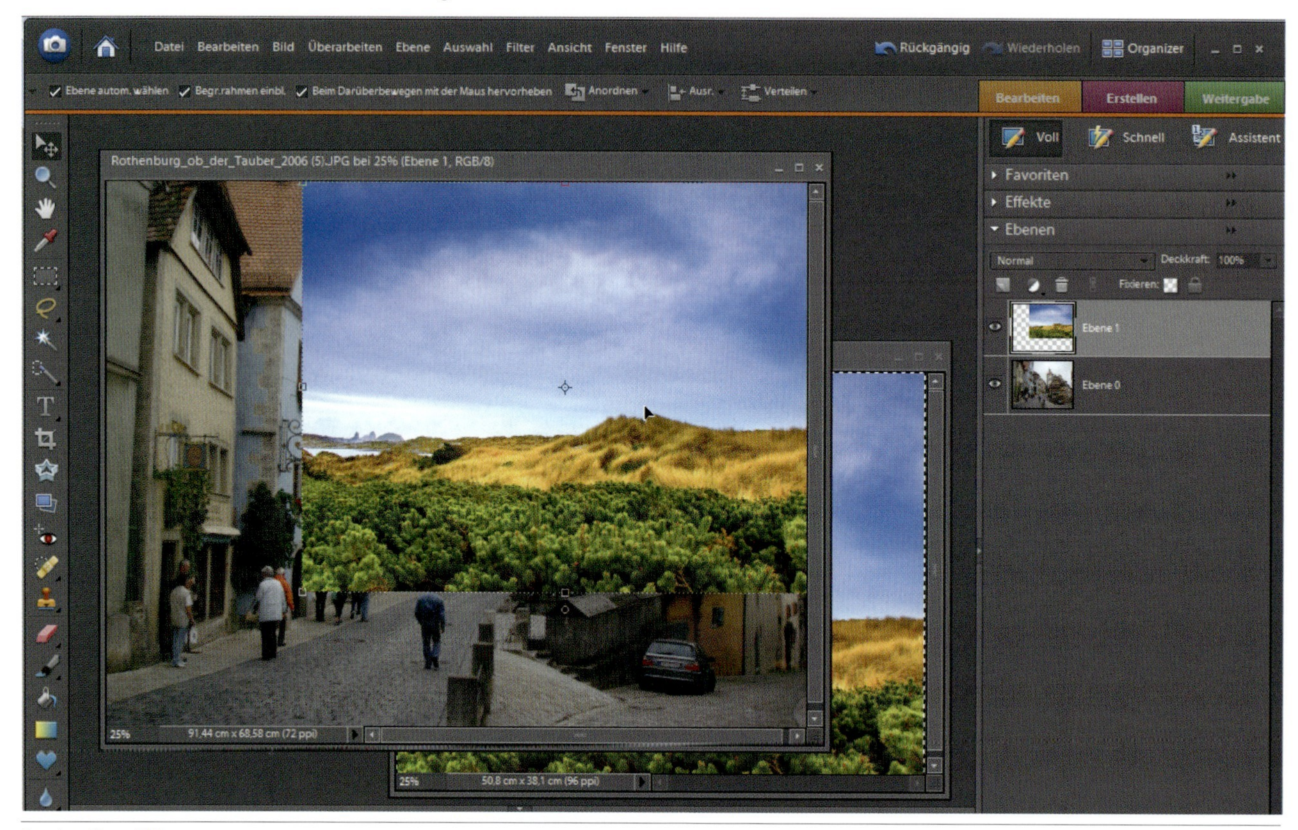

Das eingefügte Bild

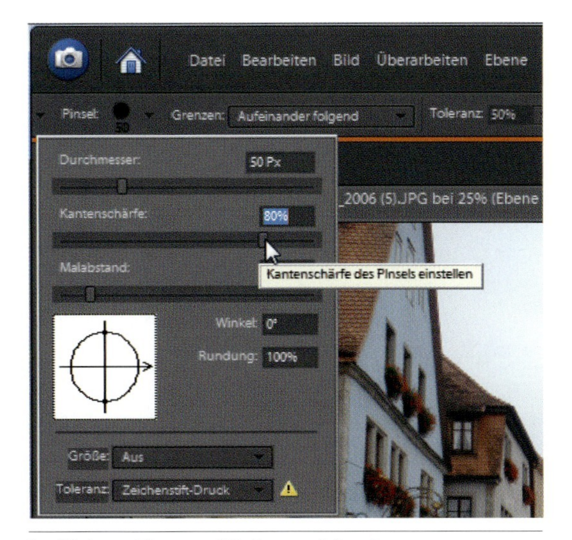

Das Werkzeug *Hintergrund-Radiergummi* einstellen

Damit sind alle Vorarbeiten abgeschlossen und der alte Himmel kann getauscht werden.

1 Aktivieren Sie das Werkzeug *Hintergrund-Radiergummi*, das Sie im Flyout-Menü des Werkzeugs *Radiergummi* finden.

Hinweis

Achten Sie auf den Verlauf der *Grenzen*: Wählen Sie die Option *Aufeinander folgend*, wenn die Objekte scharf voneinander getrennt sind, die Option *Nicht Aufeinander folg.* dagegen, wenn Sie es mit Objekten mit unscharfen Rändern, wie beispielsweise Bäumen oder dem Horizont, zu tun haben.

Über die Symbolleiste sollten Sie den passenden *Durchmesser* und die *Kantenschärfe* wählen.

2 Bewegen Sie das Werkzeug auf den Himmel und dann bei gedrückter Maustaste hin und her. Durch diese Bewegungen wird der darunter liegende Himmel sichtbar. Achten Sie deshalb darauf, dass Sie mit dem Fadenkreuz möglichst über dem Himmel bleiben.

3 Radieren Sie so den gesamten Himmel weg. Gegebenenfalls müssen Sie dabei den Pinsel, insbesondere, was die Größe und Toleranz angeht, anpassen.

Und schon reißt der Himmel auf.

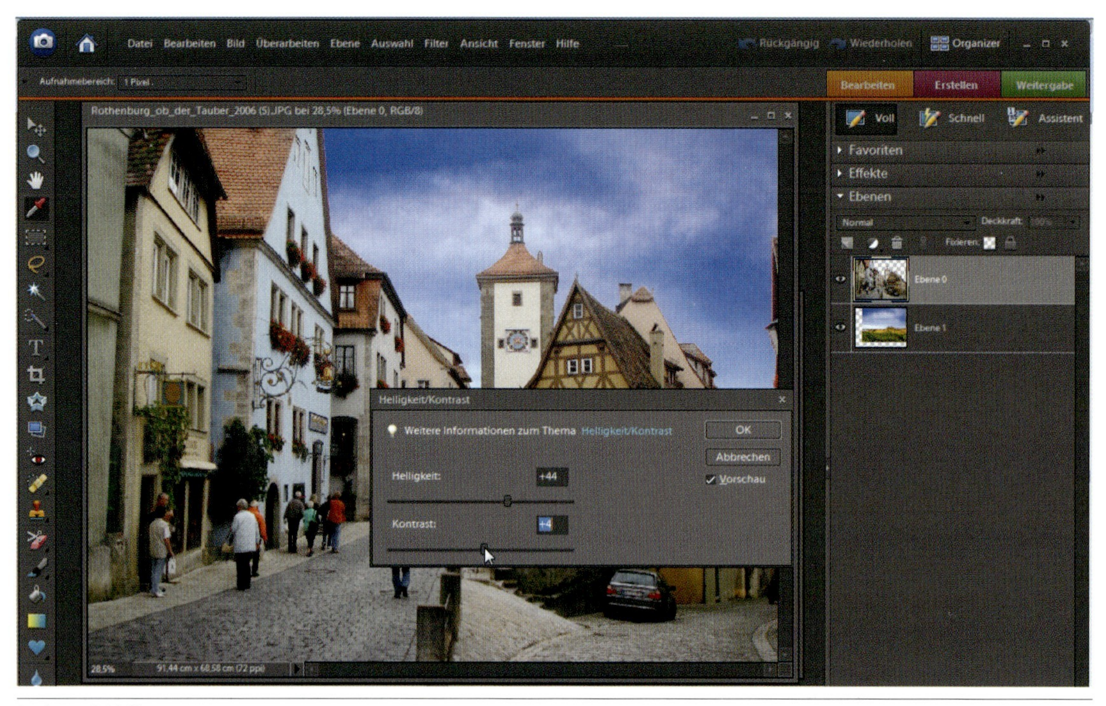

Der letzte Schliff

Abschließend sollten Sie die Beleuchtung von Vordergrund und Hintergrund im Bild noch über das Dialogfenster *Helligkeit/Kontrast* (Menü *Überarbeiten/Beleuchtung anpassen*) anpassen.

Soweit das Auge reicht – Panoramabilder

Kennen Sie Panoramabilder? Das sind die Bilder, bei denen man sich fragt, wie man sie wohl so lang bekommen hat. In Photoshop Elements können Sie zwei oder mehrere Bilder ohne Probleme zu einem einzigen Bild zusammenfügen. Dazu benötigen Sie weder Fotohaftstreifen noch Tesafilm. Mit dem Befehl *Photomerge-Panorama* lassen sich mehrere Fotos zu einem fortlaufenden Gesamtbild kombinieren. Sie müssen lediglich in einem Dialogfenster die Bilder auswählen, die Sie zusammenfügen wollen, und einander zuordnen.

Bevor Sie loslegen, sollten Sie allerdings noch mindestens folgende Vorgaben beachten, damit ein schönes Panoramafoto entstehen kann:

- Die Bilder sollten sich im Bildbereich um ca. 10 - 25 % überlappen.
- Beim Aufnehmen der Fotos sollte eine einheitliche Brennweite verwendet worden sein.
- Idealerweise wurden die Bilder mit einem Stativ von einem gleichbleibenden Standort aufgenommen, um eine Neigung der Kamera zu verhindern.

1 Haben Sie alles beachtet? Dann rufen Sie die Befehlsfolge *Datei/Neu/Photomerge™-Panorama* auf.

Es erscheint das gleichnamige Dialogfenster.

2 Zunächst sollten Sie die Bilder für das Panorama öffnen. Klicken Sie auf die Schaltfläche *Durchsuchen* und wählen Sie den Ordner mit den Quelldateien aus. Dort wählen Sie die Bilddateien aus, die Sie zusammenfügen wollen, und bestätigen mit *Öffnen*.

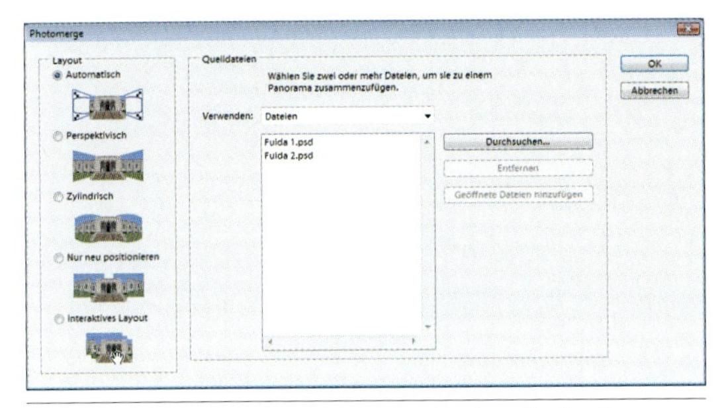

In diesem Dialogfenster machen Sie die Angaben für das Panoramabild.

Hinweis

Dieser Vorgang kann auch notwendig werden, wenn Sie die Bilder umsortieren möchten. Leider lassen sie sich nicht verschieben. Möchten Sie eine bestimmte Reihenfolge einhalten, dann müssen Sie die falsch eingeordneten Bilder zunächst mit *Entfernen* aus der Liste nehmen und anschließend über die Schaltfläche *Durchsuchen* entsprechend neu einfügen. Alternativ können Sie aber auch – wie in obiger Abbildung ersichtlich – die Dateien gleich in der richtigen Reihenfolge durchnummerieren.

Auf der linken Seite suchen Sie sich noch das gewünschte Layout aus. Möchten Sie gegebenenfalls selbst ein bisschen Hand anlegen, wählen Sie die Option *Interaktives Layout*.

3 Haben Sie alles beisammen, starten Sie den Vorgang mit *OK*.

Photoshop Elements beginnt nun, nach und nach die Bilder zu einer Panoramakomposition zusammenzusetzen. Dabei werden die einzelnen Bilder aneinander ausgerichtet und zu einem nahtlosen Bild zusammengefügt.

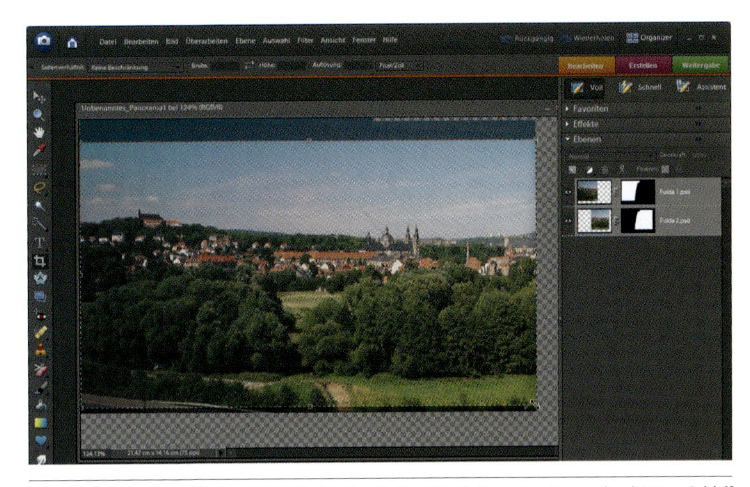

Einem Panorama mit dem Layout Zylindrisch mit dem Freistellungswerkzeug den letzten Schliff geben

Das Ergebnis wird in einer neuen Photoshop-Datei angezeigt und lässt sich nun wie ein gewöhnliches Bild bearbeiten. So werden Sie häufig noch mit dem *Freistellungswerkzeug* Nacharbeiten vornehmen müssen, um beispielsweise einen gleichmäßigen Rand zu erhalten.

Filter, Effekte und Co. – peppen Sie Ihre Fotos auf

Bestimmt haben Sie auch ein paar Bilder, die langweilig aussehen und denen das gewisse Etwas fehlt. Mit Photoshop Elements können Sie das problemlos ändern. So helfen konstruktive Filter, Bilder zu verbessern, destruktive Filter verschaffen Ihnen fantastische Bilder und verblüffende Bildeffekte und mit Texteffekten können Sie die langweiligsten Bilder aufpeppen.

Eine Ebene über die Ebenenpalette erstellen

Ohne Ebenen geht nichts

Bevor Sie sich an den Einsatz der nachfolgenden Effekte machen, ist es sinnvoll, Ebenen einzusetzen. Der Einsatz von Ebenen erlaubt Ihnen nämlich, unbeschwert zu arbeiten, denn im Fall der Fälle können Sie die Ebene nebst Filter im Extremfall löschen.

Hinweis

Filter werden auf die aktive, sichtbare Ebene angewendet. Sie können nicht auf Bitmaps oder indizierte Farbbilder angewendet werden.

Ebene erzeugen

Wie man eine neue Ebene erzeugt, haben Sie bereits kennengelernt:

Sie klicken auf das Symbol *Neue Ebene erstellen* des Bedienfeldes *Ebenen* oder wählen *Ebene/Ebene neu/Ebene*.

Ferner wird eine Ebene automatisch erzeugt, wenn Sie eine Auswahl aus einem Bild in ein anderes verschieben oder die aktuelle Hintergrundebene in die Zwischenablage kopieren und anschließend wieder einfügen.

Ebenen anordnen

Die Reihenfolge der verschiedenen Ebenen bestimmt, was darin als Vorder- und was als Hintergrund angezeigt wird. Diese Auswahl können Sie verändern.

1. Klicken Sie auf die Ebene, die Sie verschieben wollen, und halten Sie die Maustaste gedrückt. Die Ebene wird nun markiert dargestellt.
2. Ziehen Sie anschließend die markierte Ebene über oder unter die Ebene an die Stelle, an der Sie diese platzieren wollen.

Während des Vorgangs wird Ihnen die Ebene mit ihren Umrissen angezeigt.

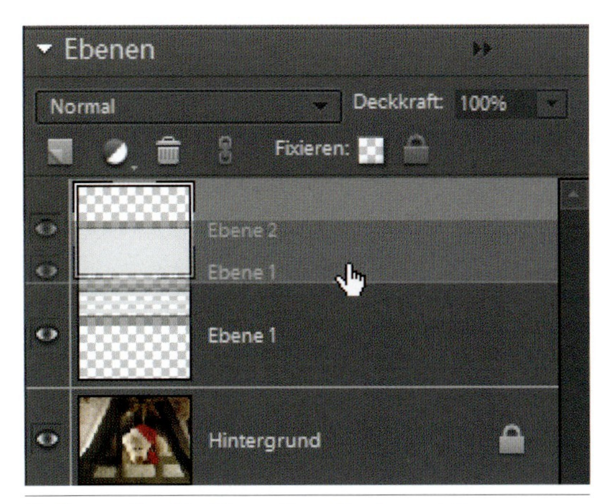

Die Ebenenreihenfolge können Sie problemlos umstellen.

Wenn Sie die Maustaste an der gewünschten Stelle loslassen, wird die Ebene dort eingefügt und erscheint in der Palette.

Ebenen reduzieren spart Speicherplatz

Das Arbeiten mit Ebenen hat einen kleinen Nachteil. Ein Bild mit mehreren Ebenen benötigt mehr Speicherplatz. Sind alle Arbeiten an einem Bild abgeschlossen, ist es ratsam, die einzelnen Ebenen auf eine einzige zu reduzieren.

Klicken Sie in dem Bedienfeld *Ebenen* auf die Schaltfläche mit den Doppelpfeilen, die das Menü *Ebenen* öffnet.

In dem aufklappenden Menü finden Sie drei Einträge, mit denen Sie das Verhalten der Ebenen steuern können.

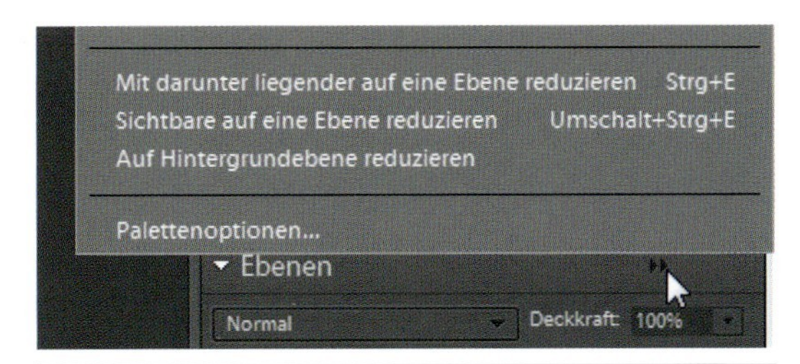

Nach Abschluss aller Arbeiten sollten Sie Speicherplatz sparen.

Entscheiden Sie sich, je nach dem gewünschten Ergebnis, für:

- *Mit darunter liegender auf eine Ebene reduzieren*: Diesen Eintrag wählen Sie, wenn Sie eine Ebene mit der direkt darunter liegenden vereinigen wollen.
- *Sichtbare auf eine Ebene reduzieren*: Möchten Sie alle sichtbaren Ebenen auf eine einzige Ebene reduzieren, dann ist dieser Eintrag die richtige Wahl.
- *Auf Hintergrundebene reduzieren*: Sollen alle sichtbaren Ebenen auf eine reduziert und alle unsichtbaren Ebenen gelöscht werden, entscheiden Sie sich für diesen Eintrag.

Bildeffekte durch den Einsatz von Filtern

Wenn Sie bei Filter an Kaffee denken, liegen Sie nicht ganz daneben. Diese halten bestimmte Elemente zurück und lassen dagegen andere durch. Ein Filter in Photoshop Elements arbeitet ähnlich. Sie heben bestimmte Eigenschaften in einem Bild hervor bzw. filtern sie heraus. Daneben können Sie Spezialeffekte auf Bilder anwenden, wie etwa Beleuchtungseffekte und Verzerrungen.

Die Filter werden in der Filterpalette und im Menü *Filter* angezeigt.

Wenn Sie diese Menüpunkte einmal durchgehen, bekommen Sie eine Vorstellung davon, wie viele Filter Ihnen zur Auswahl stehen. Diese Filter kann man in zwei Klassen unterteilen:

- *Konstruktive Filter*: Dabei handelt es sich um solche Filter, die die Bildqualität verbessern oder Bildmängel beseitigen können.

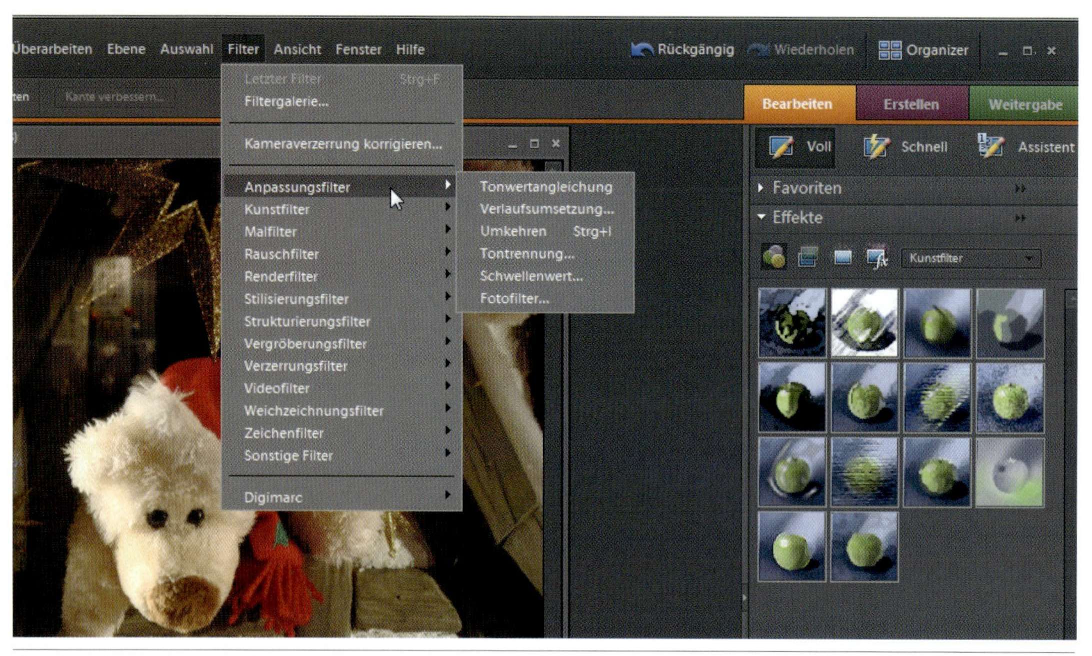

Photoshop Elements bietet Filter für alle Zwecke.

- *Destruktive Filter*: Das sind solche, die ausschließlich dafür gedacht sind, einen speziellen Effekt hervorzurufen.

Konstruktive Filter verbessern die Bildqualität

Konstruktive Filter haben Sie bereits kennengelernt, als Sie die Bildqualität eines Fotos verbessert haben. Im Folgenden werden Sie die zwei wichtigsten Filterarten kennenlernen: *Scharfzeichnungs-* und *Weichzeichnungsfilter*. Wie Sie sehen werden, haben diese Filter zumeist ein Gegenstück, mit dem Sie allerdings den Urzustand nicht wieder herstellen können.

Verschwommene Bilder scharfzeichnen

Die Filter der Kategorie *Scharfzeichnen* zeichnen verschwommene Bilder scharf, indem sie den Kontrast der benachbarten Pixel erhöhen.

1. Nachdem Sie das Bild geladen haben, sollten Sie zunächst nach dem Aufruf der Menüfolge *Auswahl/Alles Markieren* eine Ebene für das Zuweisen des Filters anlegen.
2. Wählen Sie dann in der Filterpalette die Kategorie *Scharfzeichnungsfilter*.

Hier finden Sie den Filter *Unscharf maskieren*. Dieser ermittelt die Bereiche im Bild, die deutliche Farbveränderungen aufweisen, und korrigiert den Kontrast an den Kanten. Es wird eine hellere und eine dunklere Linie auf beiden Seiten der Kante erzeugt, wodurch diese hervorgehoben wird und das Bild insgesamt schärfer erscheint.

3. Zeigen Sie auf den Filter und ziehen Sie ihn auf das Foto. Dadurch wird das Dialogfenster *Unscharf maskieren* eingeblendet, in dem Sie die *Stärke*, den *Radius* und den *Schwellenwert* anpassen können.

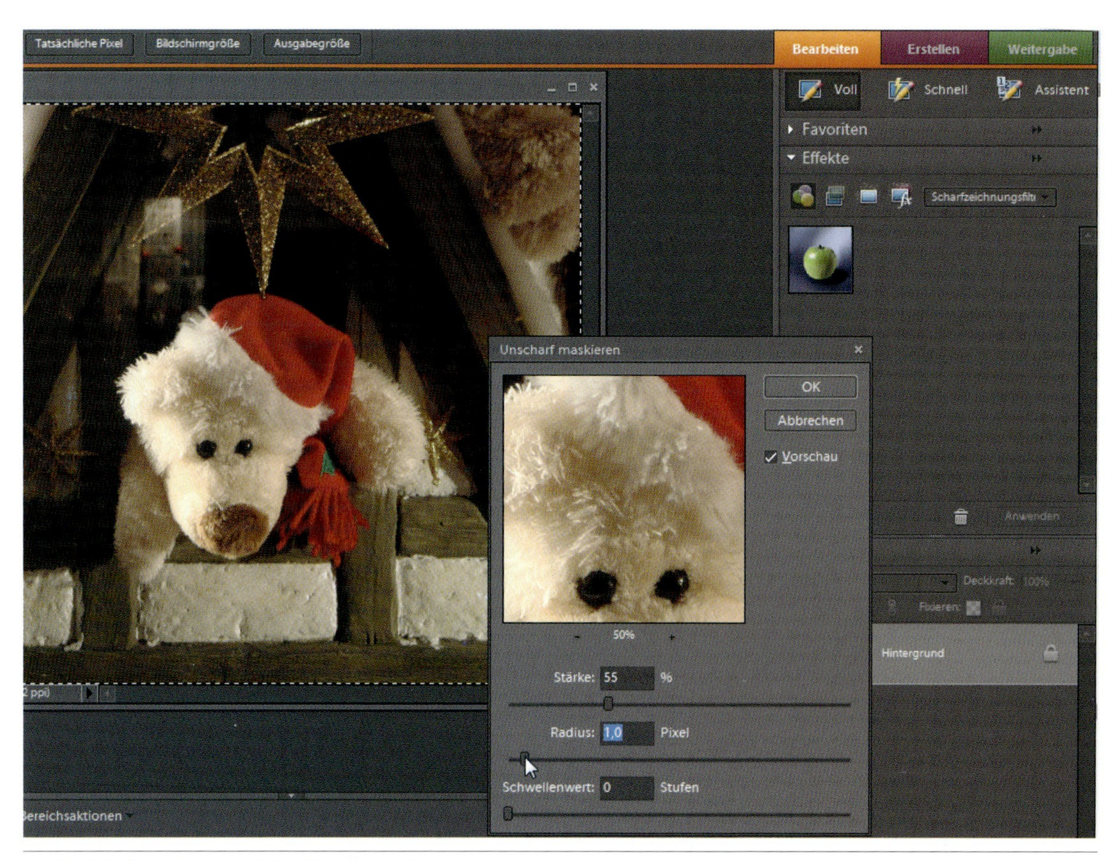

Details stärker herausbringen mit dem Filter *Unscharf maskieren*

Ein Klick auf *OK* wendet den Filter an.

Weichere Übergänge mit Weichzeichner gestalten

Bei den sogenannten Weichzeichnern wird der Kontrast zwischen benachbarten Bildpunkten verringert. Auf diese Weise wird eine Auswahl oder ein Bild weicher, was besonders nützlich beim Retuschieren ist. Die Anwendung dieser Filter führt zu feineren Übergängen, da sie Durchschnittswerte der Pixel verwenden, die sich neben harten Kanten von Linien und Schatten mit deutlichen Farbübergängen befinden.

Mit diesen Filtern erhalten Sie weichere Bilder.

Photoshop Elements stellt Ihnen in dieser Kategorie eine Reihe von Filtern zur Auswahl, deren Namen Sie erkennen können, wenn Sie den Mauszeiger kurz über dem Vorschaubild belassen.

Bewegungsunschärfe

Dieser Filter ist die richtige Wahl zur Bildbearbeitung, wenn Sie den Effekt erzielen wollen, als ob die Kamera oder das Motiv während der Aufnahme in Bewegung waren.

Klicken Sie doppelt auf den Eintrag bzw. ziehen Sie das Symbol auf das Bild. Es erscheint das Dialogfenster *Bewegungsunschärfe*.

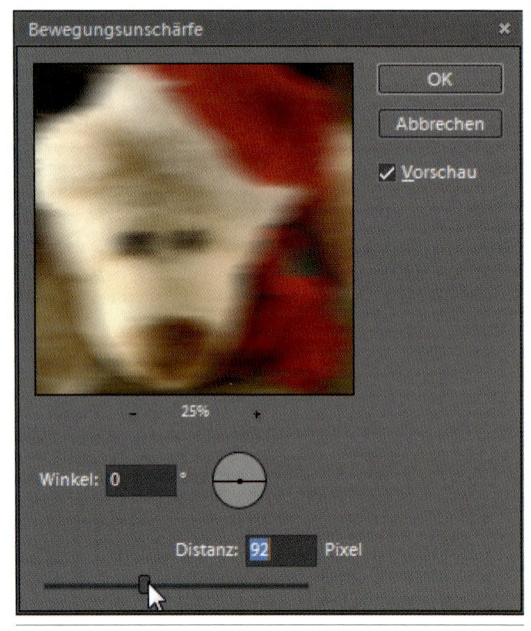

Bringen Sie Dynamik in Ihre Bilder.

Im Eingabefeld neben der Bezeichnung *Winkel* können Sie bestimmen, in welchem Winkel der Effekt angewendet werden soll. Tragen Sie hier einfach den gewünschten Wert ein und bestätigen Sie mit *OK*. Intuitiver lässt sich der Winkel aber mit dem Radiussymbol einstellen. Klicken Sie einfach auf das Symbol und verschieben Sie es bei gedrückter Maustaste in die gewünschte Richtung.

Tipp

Mithilfe der Minus- bzw. Plusschaltfläche am unteren Rand des Vorschaufensters können Sie den Ausschnitt zoomen. Möchten Sie ihn bewegen, führen Sie den Mauszeiger auf den angezeigten Bildausschnitt, woraufhin sich der Zeiger in ein Handsymbol verwandelt. Bei gedrückter Maustaste können Sie nun den Ausschnitt verschieben.

Möchten Sie den Eindruck verstärken oder verringern, nehmen Sie diese Einstellung über den Schieberegler *Distanz* vor. Klicken Sie dazu auf den Regler und ziehen Sie ihn bei gedrückter Maustaste in die entsprechende Richtung.

Gaußscher Weichzeichner

Der *Gaußsche Weichzeichner* zeichnet eine Auswahl um einen einstellbaren Wert weich. Auf diese Weise können Sie einen schön verschwommenen Effekt produzieren.

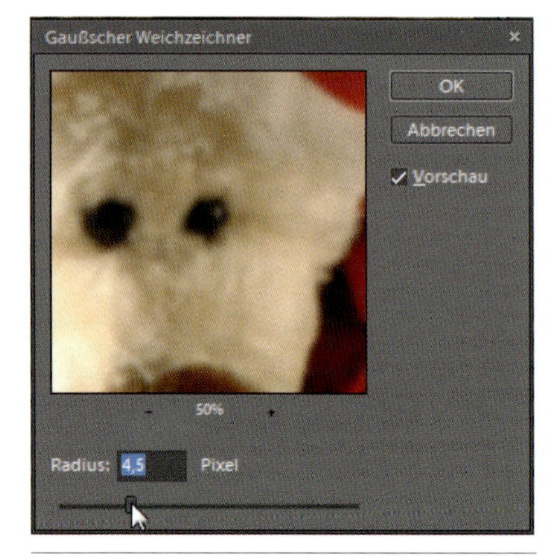

Sorgen Sie für harmonische Übergänge und retten Sie so manchen Scan.

Mit diesem Filter können Sie beispielsweise den gefürchteten Treppcheneffekt mindern, der entsteht, wenn ein Bild zu grob aufgelöst wurde. Sie kennen sicherlich den Effekt, wenn Sie sich ein Bild einmal unter einem hohen Zoomfaktor anschauen. Die dabei auftretenden unschönen Kästchen lassen sich mithilfe dieses Filters verringern. Damit kann dem Bild zu einem harmonischen Aussehen verholfen werden.

Radialer Weichzeichner

Noch mehr Bewegung können Sie über den *Radialen Weichzeichner* in ein Bild bringen. Dieser Filter simuliert die Unschärfe einer zoomenden oder sich drehenden Kamera.

Bei diesem Filter müssen Sie als Erstes den betreffenden Bildbereich mit einem der Auswahlwerkzeuge auswählen.

Hinweis

Über die Optionsschaltflächen können Sie eine der drei möglichen Qualitätsstufen festlegen. Bedenken Sie dabei allerdings, dass mit zunehmender Qualität die Zeit für das Umrechnen für diesen Effekt zunimmt.

Anschließend nehmen Sie die Einstellungen im Dialogfenster vor. Wählen Sie zwischen den Methoden *Kreisförmig* oder *Strahlenförmig*. Die erste Methode wendet das Weichzeichnen entlang konzentrischer Linien an, während die zweite entlang strahlenförmiger Linien weichzeichnet.

Selektiver Weichzeichner

Wenn Sie nur bestimmte Teile eines Bildes weichzeichnen wollen, dann ist der Filter *Selektiver Weichzeichner* die richtige Wahl.

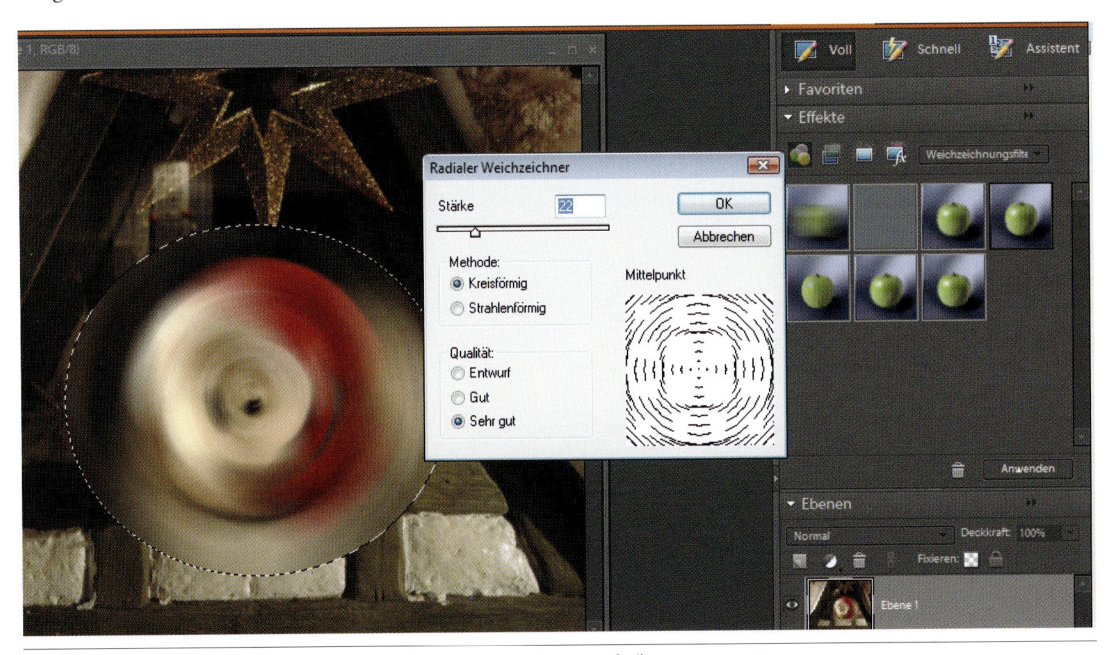

Simulieren Sie eine sich drehende Kamera (Effekt im Hintergrund schon angewendet!).

Markieren Sie zunächst den betreffenden Bildbereich mit einem der Auswahlwerkzeuge. Anschließend rufen Sie den Filter auf und nehmen im Dialogfenster die gewünschten Einstellungen vor.

Der selektive Weichzeichner im Einsatz

Mit dem Regler *Radius* geben Sie den Umfang des Bereichs an, innerhalb dessen der Filter nach unähnlichen Pixeln sucht. Mit dem Regler bei *Schwellenwert* legen Sie dagegen fest, wie weit die Pixel voreinander verschieden sein müssen, damit der Filter darauf angewendet wird.

Die *Qualität* und den *Modus* legen Sie über die gleichnamigen Listenfelder fest. Bei letzterem können Sie bestimmen, ob der Modus für die gesamte Auswahl (dann *Flächen*) gelten soll oder nur für die Kanten der Farbübergänge (dann *Nur Kanten* bzw. *Ineinanderkopieren*).

Die Einstellungen beenden Sie mit *OK*.

Stark weichzeichnen/weichzeichnen

Möchten Sie gezielt Störungen an den Stellen beseitigen, an denen im Bild deutliche Farbübergänge auftreten, dann setzen Sie diese beiden Filter ein. Dabei werden die Übergänge geglättet, indem bei den Pixeln, bei denen sich harte Kanten mit deutlichen Farbübergängen befinden, neue Pixel mit entsprechenden Durchschnittswerten berechnet werden.

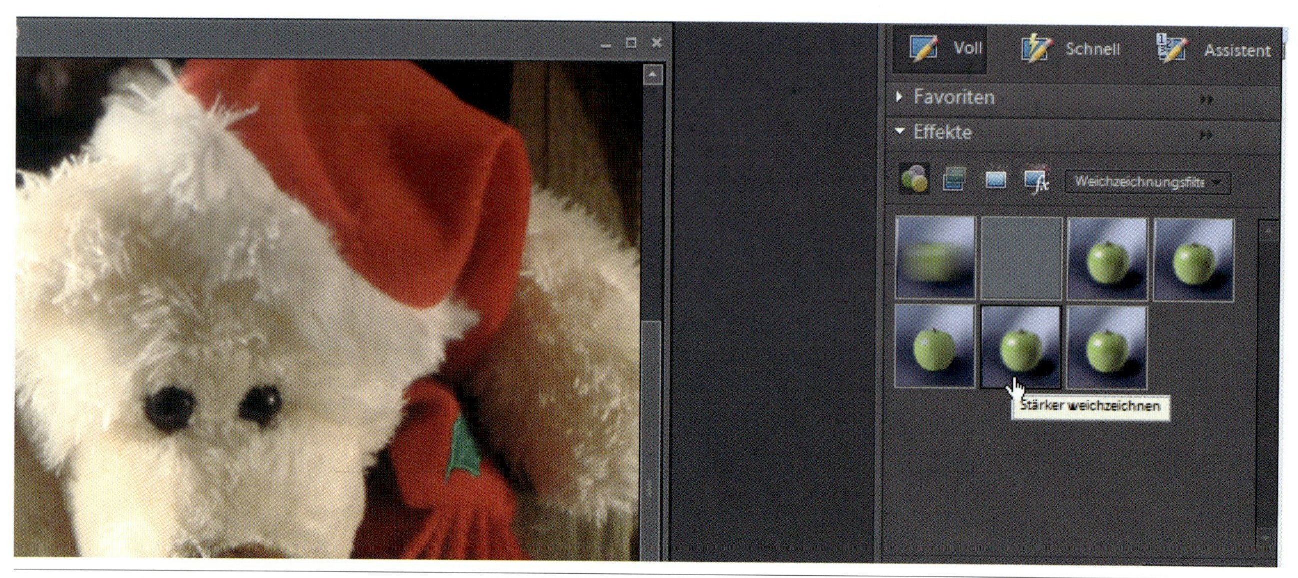

Weichzeichner heben die strengen Grenzen auf.

Filter für Spezialeffekte – destruktive Filter

Während die eben gezeigten Filter im Regelfall dazu dienen, Bildprobleme zu beseitigen, sind die folgenden Filter eher dazu gedacht, Spezialeffekte zu erzielen. So werden hier keine Pixelfehler korrigiert, sondern die Bildpunkte werden bei Anwendung der Filter sehr stark verändert.

Kunstfilter

Mithilfe der *Kunstfilter* können Sie natürliche oder traditionelle Medieneffekte simulieren und so recht ansprechende Effekte erzielen.

1 Zunächst gilt es wieder, sich diese Filter in der Filterpalette anzeigen zu lassen.

2 Möchten Sie dem Bild einen Touch des bekannten Künstlers Andy Warhol geben, dann wählen Sie den Eintrag *Kunststofffolie*

Bildverfremdung mit Folieneffekt

im Listenfeld der Palette aus und ziehen ihn auf das Bild. Es öffnet sich ein umfangreiches Einstellungsfenster, in dem Sie den Filter näher definieren können.

Über die Regler und Optionen auf der rechten Seite können Sie den Effekt nun näher an Ihre Vorstellungen anpassen.

Weitere interessante Filter

Über die große Anzahl an Kunstfiltern hinaus, die Sie sicherlich im Alltag am meisten einsetzen werden, bietet Photoshop Elements – wie Sie der rechten Seite des vorherigen Dialogfensters entnehmen konnten – eine Reihe von weiteren Filtern an.

Die Filterkategorien auf einen Blick

Hinweis

Alle Kunstfilter in vollem Umfang an dieser Stelle vorzustellen, würde den Umfang des Buchs sprengen. Die Arbeitsweise aller Filter ist im Wesentlichen identisch, sodass Sie auf Enddeckungsreise gehen sollten.

Mit diesen können Sie Folgendes erreichen:

- *Malfilter*: Diese Filter verändern ein Foto so, als wäre es gemalt worden.
- *Stilisierungsfilter*: Mit diesem Filter können Sie Bildern leuchtende Konturen geben.
- *Strukturierungsfilter*: Damit lassen sich Bilder mit einer Struktur oder einem mosaikförmigen Aussehen versehen.
- *Verzerrungsfilter*: Mit diesen Filtern können Sie beispielsweise hervorragende Beleuchtungs- und Glaseffekte in Ihre Bilder einbauen.
- *Zeichenfilter*: Hier wird den Bildern Struktur hinzugefügt sowie ein handgezeichnetes Aussehen verliehen.

Starke Effekte schnell gemacht mit Ebenenstilen

Eng verflochten mit den Effekten sind die Ebenenstile. Mit Ebenenstilen können Sie mit einem Mausklick schnell Effekte auf den Inhalt einer Ebene anwenden.

Die Ebenenstile erhalten Sie durch Anklicken der zweiten Schaltfläche des Bedienfelds *Effekte*.

Stile ohne Ende

Aufregende Schaltflächen für Ihre Webseite erstellen

Ebenenstile können Sie z. B. dazu verwenden, um Schaltflächen für Ihre Webseite zu erstellen.

1 Nachdem Sie mit *Datei/Neu/Leere Datei* eine neue Datei angelegt haben, stellen Sie in der Werkzeugleiste über das Feld *Vordergrundfarbe einstellen* die Farbe der Schaltfläche ein und ziehen dann mit dem Zeichenwerkzeug *Abgerundetes-Rechteck-Werkzeug* ein Rechteck auf.

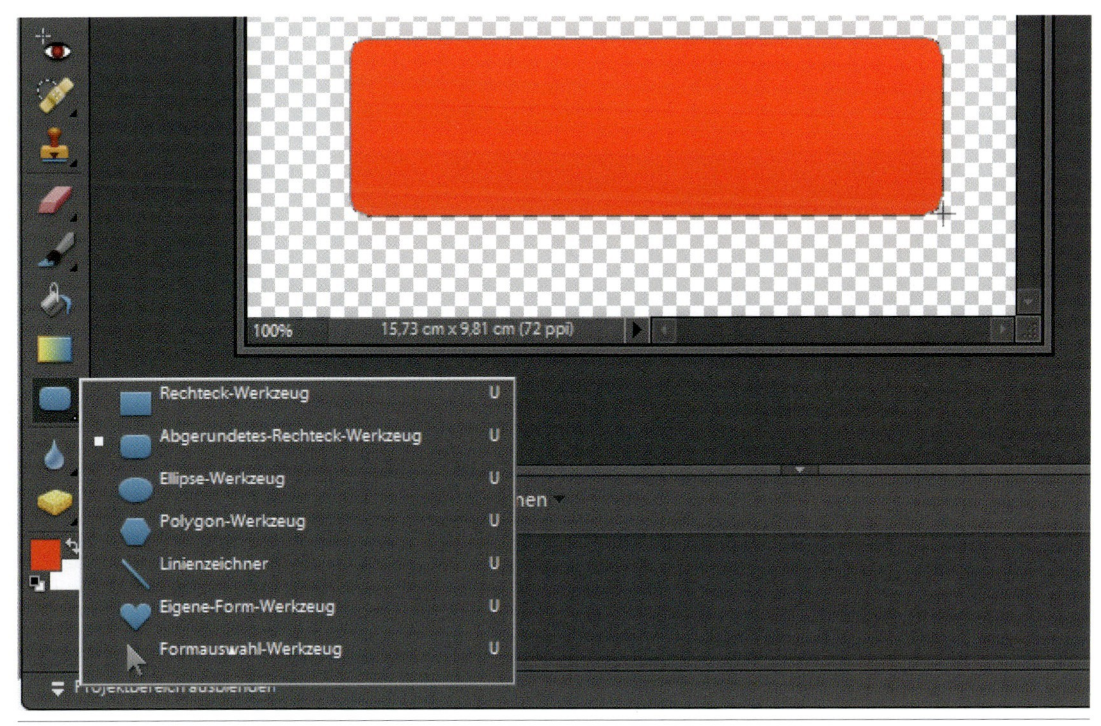

Die Grundform der Schaltfläche entsteht.

2 Aktivieren Sie dann das Textwerkzeug, stellen die gewünschte Schriftart und Größe ein, klicken auf die Schaltfläche und geben den Text ein.
3 Danach wählen Sie im Bedienfeld *Ebenenstile* aus dem Listenfeld einen Stil, z. B. *Gewellte Kante*, aus.
4 Klicken dann darauf oder Sie ziehen den Stil einfach in das Dokumentfenster.

Mit Ebenenstilen lassen sich schöne Schaltflächen erstellen.

Tipp

Wünschen Sie noch weitere Veränderungen, dann können Sie weitere Stile auf die jeweiligen Ebeneninhalte anwenden, indem Sie weitere Stile darauf ziehen. So können Sie der Schaltfläche beispielsweise noch einen Schlagschatten zuweisen.

Eine persönliche Grußkarte erstellen

Mithilfe von Ebenenstilen können Sie aus einem Foto rasch eine Grußkarte, etwa für Weihnachten, entwerfen.

1 Suchen Sie zunächst ein passendes Foto aus und öffnen Sie es.
2 Anschließend aktivieren Sie dann das Werkzeug *Eigene-Form*. Stellen Sie über die Liste *Stile* den gewünschten Stil (z. B. *Grünes Glas*) ein und wählen Sie dann aus der Liste *Form* die Form *Baum 2* aus.
3 Ziehen Sie mit diesem Werkzeug die Form auf dem Foto auf. Nun passen Sie mithilfe des

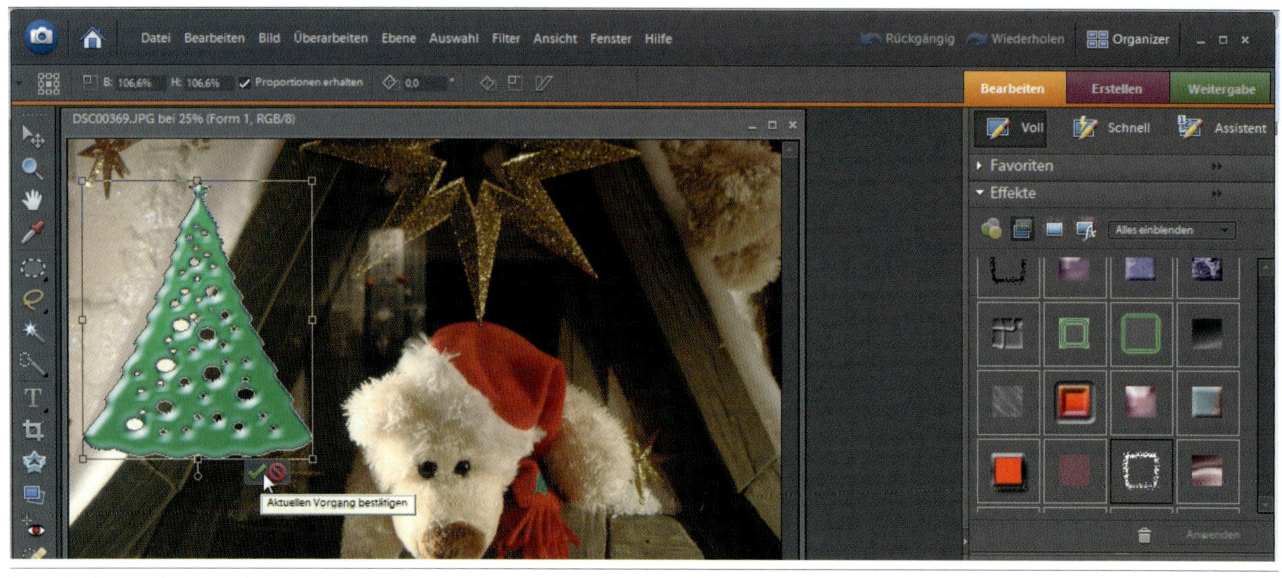

Passen Sie die Form Ihren Wünschen an.

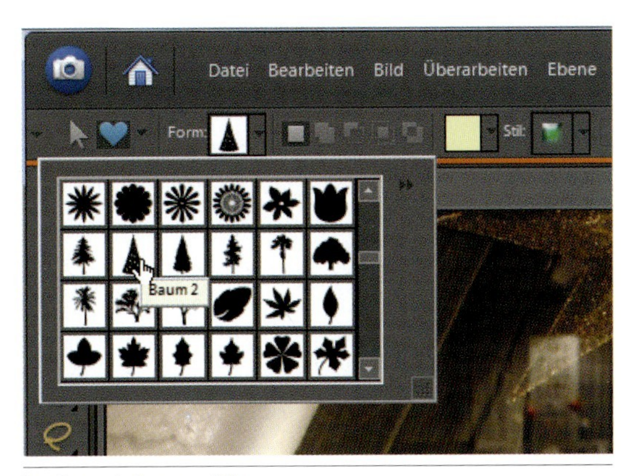

Die Form wird ausgewählt.

Werkzeugs *Verschieben* die Form Ihren Vorstellungen gemäß an.

4 Mit einem Klick auf den grünen Haken (*Aktuellen Vorgang bestätigen*) übernehmen Sie die Veränderungen.

Tipp

Weitere Formen finden Sie im Menü des Bedienfelds, welches Sie durch einen Klick auf den Doppelpfeil erhalten. Den Baum finden Sie in der Kategorie *Blätter und Bäume*.

Tipp

Sie können die Form auch noch mit einem weiteren Stil, z. B. Salz, der für einen Glitzerglanz sorgt, aufpeppen.

Als Nächstes folgt noch der Text.

5 Aktivieren Sie zuerst das *Horizontale Textwerkzeug*. Jetzt wählen Sie die Schriftart und Größe und bewegen den Cursor auf

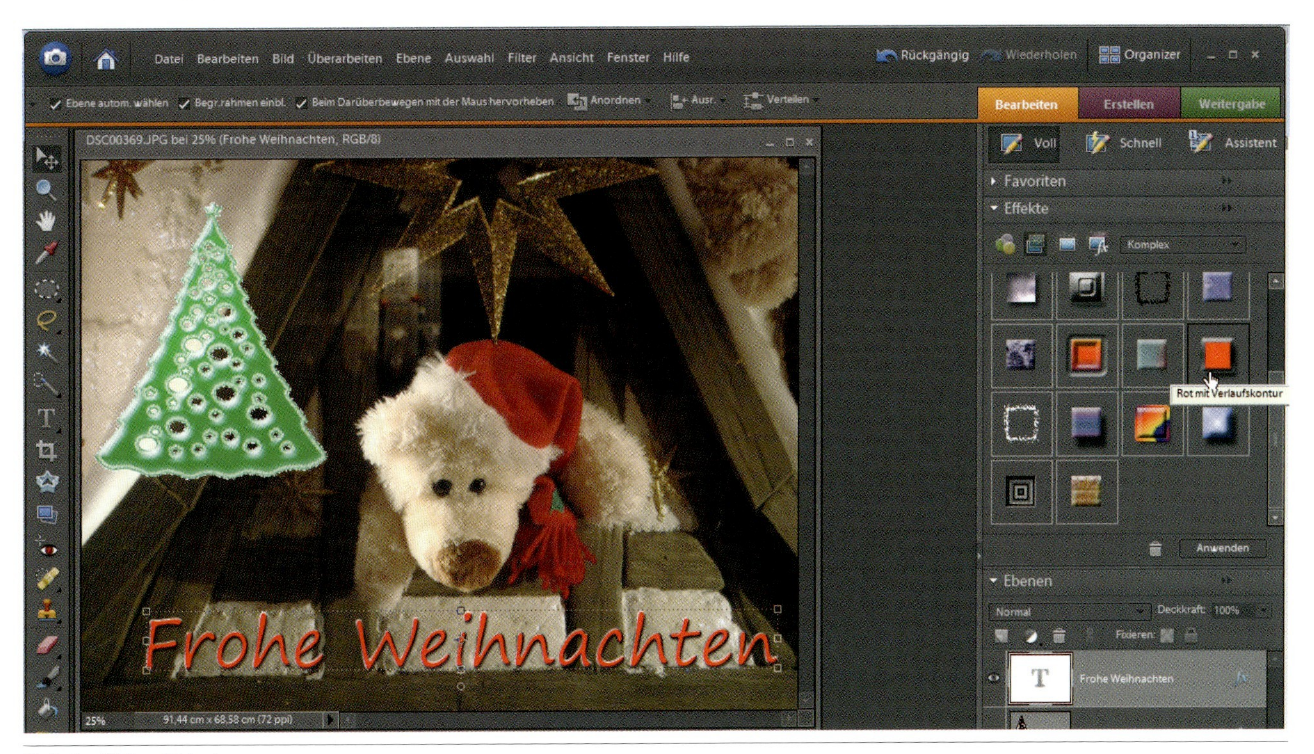

Die fertige Weihnachtskarte

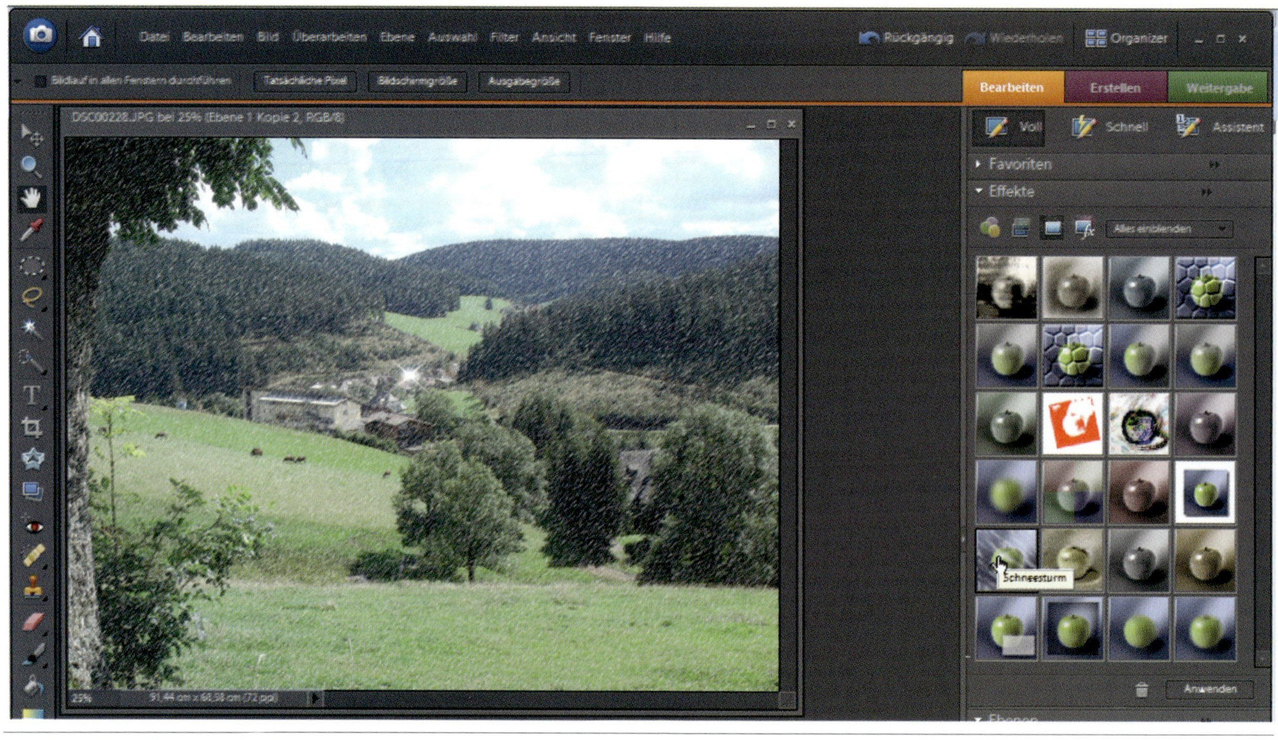

Aber eben schien doch noch die Sonne!

das Bild. Geben Sie dann den Text ein und passen Sie ihn gegebenenfalls mit dem Werkzeug *Verschieben* an. Belassen Sie den Text markiert und weisen Sie ihm beispielsweise den Stil *Rot mit Verlaufskontur* zu.

Das war es dann auch schon. Wenn Sie dieses Bild jetzt noch auf festeren Karton ausdrucken, haben Sie eine individuelle Weihnachtskarte.

Aufmerksamkeit durch Fotoeffekte erregen

Fotoeffekte sind sozusagen die großen Brüder der Filter. Mit ihrer Hilfe können Sie durch die automatische Abfolge komplexe Effekte erzielen, die

Alle Fotoeffekte auf einen Blick

Sie sonst nur durch die Anwendung sehr vieler Einzelschritte erhalten würden.

1 Klicken Sie im Bedienfeld *Effekte* auf die Schaltfläche *Fotoeffekte*, um sie angezeigt zu bekommen.

Mit diesen Bildeffekten lassen sich schnell und einfach verblüffende Ergebnisse erzielen. Haben Sie beispielsweise ein Bild bei strahlendem Sonnenschein geschossen, können Sie es mit ein paar Mausklicks auf dem Foto schneien lassen.

2 Suchen Sie in der Liste den entsprechenden Eintrag und ziehen Sie ihn bei gedrückter Maustaste auf das Bild.

Die gelungene Präsentation Ihrer Fotos

Nicht immer werden Sie Ihre Bilder auf dem Computermonitor betrachten, sondern sie stolz im Bekannten- oder Verwandtenkreis zeigen wollen. In diesem Fall stellt sich die Frage, wie Sie andere an Ihren Werken teilhaben lassen können. Welche Möglichkeiten Ihnen Photoshop Elements bietet, erfahren Sie auf den folgenden Seiten.

Erstellen – Bildband, Collage, Diashow und mehr

Einfach nur die Bilder zu zeigen, ist nicht sehr spannend. Sie können mit Photoshop Elements Ihre Foto aufregend präsentieren und auf diversen Medien unter die Leute bringen. Ein Klick auf die Schaltfläche *Erstellen* bringt Sie zu den entsprechenden Optionen.

Mit dieser Schaltfläche geht es los.

Nach einem Klick auf diese Schaltfläche startet das Programm den *Organizer* und präsentiert Ihnen auf der rechten Seite die möglichen Publikationsarten. Klicken Sie auf die Schaltfläche *Mehr Optionen*, um alle Möglichkeiten angezeigt zu bekommen.

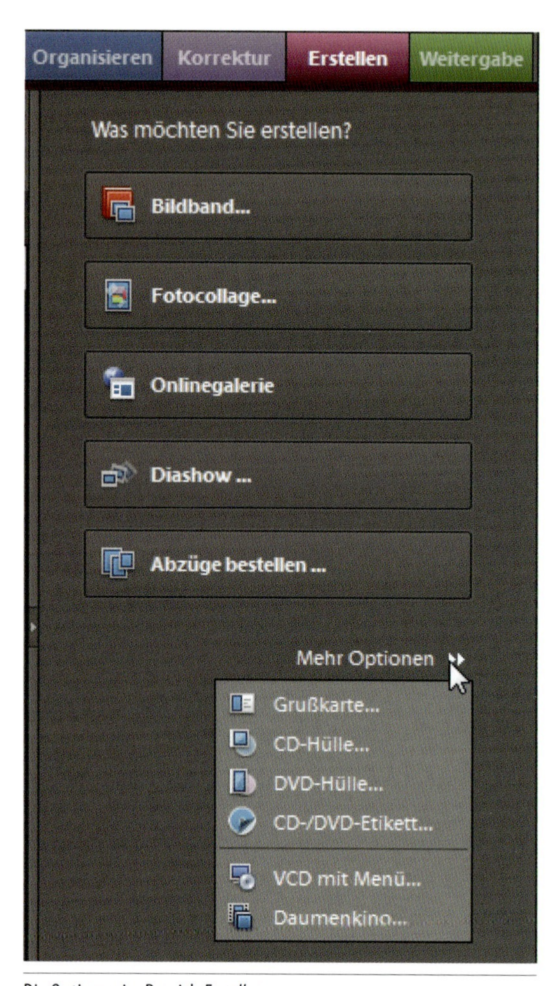

Die Optionen im Bereich *Erstellen*

Diese Publikationen erstellen Sie nach einem Klick auf die entsprechende Schaltfläche weitestgehend assistentengesteuert.

Bildband

1 Wenn Sie auf die Schaltfläche *Bildband* klicken, erstellen Sie im Handumdrehen Albumseiten mit Fotos, die Sie ausdrucken und anschließend in ein Fotoalbum, ein Journal oder ein Sammelbuch einfügen können.

Der Editor-Arbeitsbereich wird geladen und Sie erhalten auf der rechten Seite die Einstellungen für Ihren Bildband.

Zunächst wählen Sie die *Layoutoptionen*. Entweder entscheiden Sie sich für ein *Zufälliges Fotolayout* und wählen aus einer Reihe von Vorgaben die gewünschte aus oder Sie entscheiden sich für *Fotolayout auswählen* und erhalten lediglich ein paar Grundformen zur Auswahl, die Sie anschließend weiterbearbeiten können.

Einen Bildband erstellen

2 Klicken Sie beispielsweise auf das Thema *Standurlaub* und anschließend auf *Fertig*, damit der Assistent seine Arbeit aufnehmen kann.

Sie erhalten die gewählte Vorlage, die Sie nun mit den entsprechenden Fotos bestücken können.

3 In diesem Fall klicken Sie auf einen der Platzhalter und wählen das von Ihnen gewünschte Foto aus.

Haben Sie dagegen zuvor im *Organizer* die entsprechenden Bilder ausgewählt und den Editor aufgerufen, dann ordnet Photoshop Elements die Bilder sofort in Ihr Fotoalbum ein.

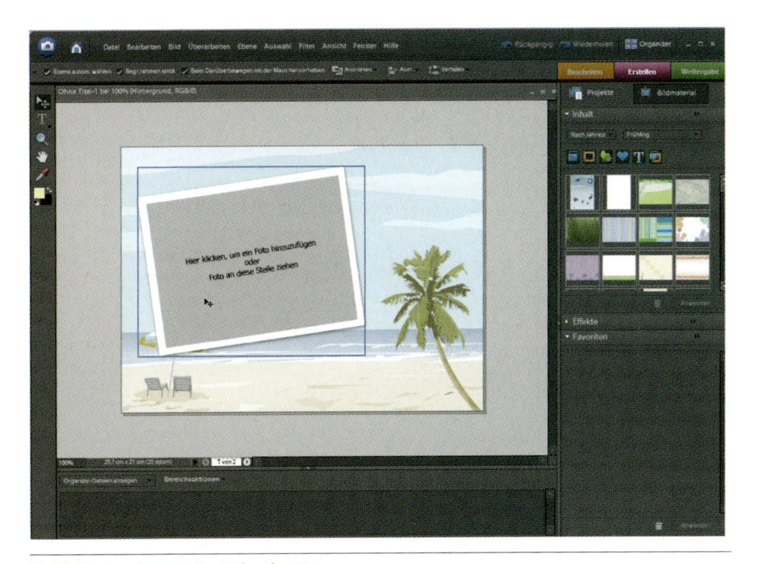

Die Vorlage steht zum Bestücken bereit.

Die Bilder wurden automatisch platziert.

Über die Navigationsleiste am unteren Rand können Sie bequem durch die Seiten blättern oder weitere Seiten einfügen.

4 Abschließend können Sie das Album noch entsprechend ausschmücken, indem Sie beispielsweise einen Text platzieren oder diverse Effekte einsetzen.

5 Abschließend speichern Sie das Album über *Datei/Speichern unter* (oder schneller mit [Strg]+[S]) unter einem Projektnamen ab. Auf diese Weise können Sie jederzeit das Album wieder aufrufen, Änderungen vornehmen oder es ausdrucken.

Peppen Sie das Album mit Effekten auf.

Eine Fotocollage erstellen

Fotocollage

Das Erstellen einer Fotocollage funktioniert im Prinzip wie das Erstellen eines Fotoalbums. Nachdem Sie die Größe der Collage festgelegt haben, werden Fotos, die sich bereits im Ablagebereich befinden, auf je einer Seite platziert. Möchten Sie weitere Fotos einfügen, dann klicken Sie im Bedienfeld *Inhalt* auf die Schaltfläche *Nach Rahmen filtern*. Anschließend ziehen Sie einen entsprechenden Rahmen auf die Collage und füllen ihn mit einem Foto Ihrer Wahl.

Abschließend speichern Sie Ihre Komposition wieder ab.

Onlinegalerie

Sie benötigen Bilder für Ihren Internetauftritt und möchten nichts falsch machen? Dann nehmen Sie diesen Assistenten und erstellen Sie mit seiner Hilfe Bilder für Ihre Webseiten.

1. Nach einem Klick auf die Schaltfläche *Onlinegalerie* geht es los.
2. Ziehen Sie zunächst die Bilder, die Sie in die Galerie aufnehmen wollen, aus dem *Organizer* in den Bereich *Elemente*.

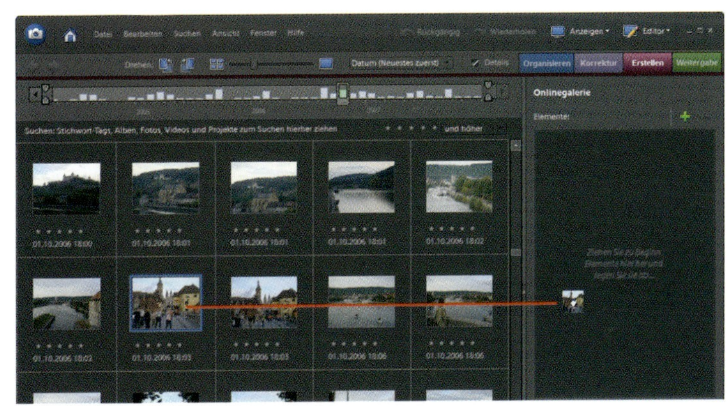

Nehmen Sie die Bilder für die Onlinegalerie in den Bereich *Elemente* auf.

3. Haben Sie alle Fotos beisammen, klicken Sie auf die Schaltfläche *Weiter*.

4 Danach haben Sie die Qual der Wahl: Im Listenfeld *Kategorie auswählen* haben Sie die Entscheidung zwischen sechs verschiedenen Varianten. Haben Sie eine gefunden, dann wählen Sie im Vorschaubereich die gewünschte Vorlage aus. Anhaltspunkt für Ihre Entscheidung können dabei die kleinen Erläuterungen im unteren Bereich sein.

Vorlagen für alle Zwecke

5 Mit einem Klick auf *Weiter* wird das Projekt erstellt.

6 Im Folgenden können Sie noch einen Titel für Ihre Galerie nebst Untertitel und weiteren Informationen eingeben. Nach einem erneuten Klick auf *Weiter* geben Sie der Galerie noch einen Namen und legen den Speicherort derselben fest. Nach einem weiteren Klick auf die Schaltfläche *Weiter* wird das Projekt erstellt und Sie erhalten den Hinweis, dass der Katalog gespeichert wurde. Diesen können Sie dann sofort ins Internet stellen oder anderweitig weitergeben. Photoshop Elements stellt dafür sogar die entsprechenden Links bereit. Möchten Sie das selbst oder zu einem späteren Zeitpunkt vornehmen, dann klicken Sie auf *Fertig*, um den Vorgang abzuschließen.

So sieht die fertige Galerie im Browser aus.

Diashow

Bei einer Diashow rücken Sie Ihre Fotos mithilfe von Musik, Texten und Audiokommentaren in den Mittelpunkt des Geschehens und können sie anschließend auf Ihrem Computer, als PDF-Datei, per E-Mail oder als Video-Disk präsentieren.

1 Nachdem Sie auf die Schaltfläche *Diashow* geklickt haben, erhalten Sie das Dialogfenster *Diashow-Voreinstellungen*. Hier nehmen Sie die Einstellungen für Ihre Diashow vor.
2 Haben Sie alle Einstellungen gewählt, gelangen Sie mit einem Klick auf *OK* in den Diashow-Editor.
3 Im unteren Teil fügen Sie als Nächstes die Bilder hinzu, die Ihre Show enthalten soll. Wenn Sie dem Link folgen, erhalten Sie das Dialogfenster *Fotos hinzufügen*, über das Sie vollen Zugriff auf die Bilder des *Organizers* haben.

Ist das erledigt, werden Ihnen im unteren Teil des Fensters die einzelnen Bilder nebst der standardmäßigen Anzeigedauer angezeigt.

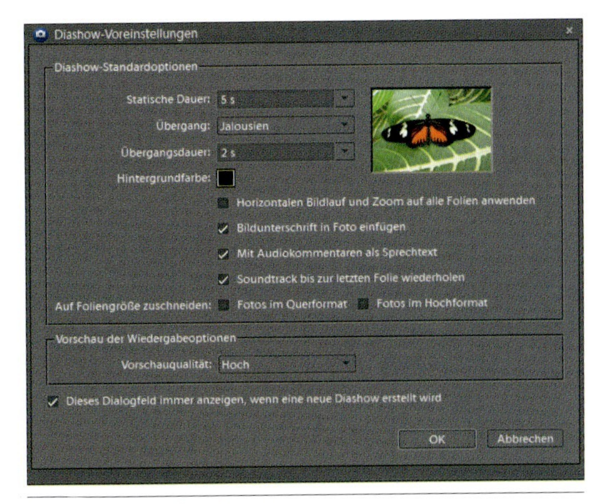

Die Optionen für die Diashow festlegen

4 Wenn Sie diese ändern möchten, klicken Sie mit der rechten Maustaste auf die Sekundenzahl und wählen aus dem Kontextmenü eine

Der Diashow-Editor

andere aus bzw. stellen die gewünschte ein. Falls Ihnen die Reihenfolge der Bilder nicht gefällt, können Sie diese einfach per Drag & Drop umsortieren. Falls Sie ein Bild mit einem erklärenden Text versehen möchten, klicken Sie auf die Schaltfläche mit dem T-Symbol und geben den entsprechenden Text ein.

5 Zwischen den Bildern befinden sich die Symbole für den Übergang. Möchten Sie einen Übergang ändern, dann klicken Sie einfach auf dieses Symbol. Im Bedienfeld *Eigenschaften* können Sie dann im Listenfeld *Übergang* aus einer Reihe Übergange Ihren Wunschkandidaten aussuchen.
6 Soll die Präsentation alleine ablaufen, dann bietet es sich an, die Diashow mit einer Hintergrundmusik, die Sie über die Schaltfläche *Medien hinzufügen* (Menüpunkt *Audio aus Organizer/Ordner*) erhalten, zu hinterlegen.
7 Besonders elegant wird es, wenn Sie die Option *Sprechtext* verwenden und die Erläuterungen über ein Mikrofon aufnehmen. Dann können Sie Ihre Stimme später bei der Vorführung schonen.
8 Speichern Sie das Projekt über die Schaltfläche *Projekt speichern* und vergeben Sie einen entsprechenden Namen. So können Sie später jederzeit an der Diashow weiterarbeiten.

Die Diashow lässt sich auf vielen Medien ausgeben.

Nachdem Sie eine Diashow erstellt haben, bietet es sich an, diese gleich für die Anzeige oder die Weitergabe an andere auszugeben.

9 Klicken Sie dazu auf die Schaltfläche *Ausgabe*, um zu den entsprechenden Optionen zu gelangen. Im Dialogfenster *Diashow-Ausgabe* können Sie nun die Diashow *Als Datei speichern*, *Auf Datenträger brennen* oder *An ein Fernsehgerät senden*.

Die beiden ersten Optionen werden Sie weiter unten näher kennenlernen. Die dritte Option können Sie verwenden, wenn Sie das Windows XP Media Center (bzw. das Vista Media Center) Ihr Eigen nennen. Hierbei sollten Sie darauf achten, dass im europäischen Raum die Fernsehnorm PAL gilt.

Abzüge bestellen

So schön Digitalfotos auch sind, bestimmte Bilder will man gewiss auch auf dem guten alten Fotopapier haben. Mit Photoshop Elements ist das kein Problem.

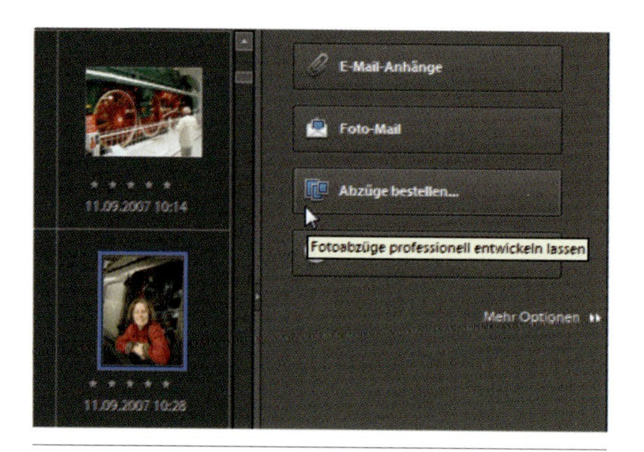

Fotos professionell entwickeln lassen

1. Markieren Sie dazu einfach das Bild bzw. die Fotos im *Organizer* und klicken Sie dann auf die Schaltfläche *Abzüge bestellen*.
2. Sie erhalten das Dialogfenster *Abzüge bestellen*, in dem Sie drei Schritte durchlaufen müssen. Zunächst gilt es, sich bei diesem Service anzumelden. Dazu müssen die Daten im Bereich *Konto erstellen* ausgefüllt werden.

Ist das getan, können Sie Ihre Bilder laden und auf Kosten von Adobe gleich die ersten zehn Abzüge umsonst bestellen.

Weitere Optionen des Bereichs *Erstellen*

Im Untermenü *Mehr Optionen* des Bereichs *Erstellen* finden Sie eine Reihe von weiteren interessanten Möglichkeiten, um Ihre Bilder aufzupeppen.

Grußkarte

Tun Sie etwas gegen die oft unpersönlichen Grußkarten aus dem Supermarkt. Erstellen Sie mithilfe dieses Assistenten eine Grußkarte für alle besonderen Anlässe.

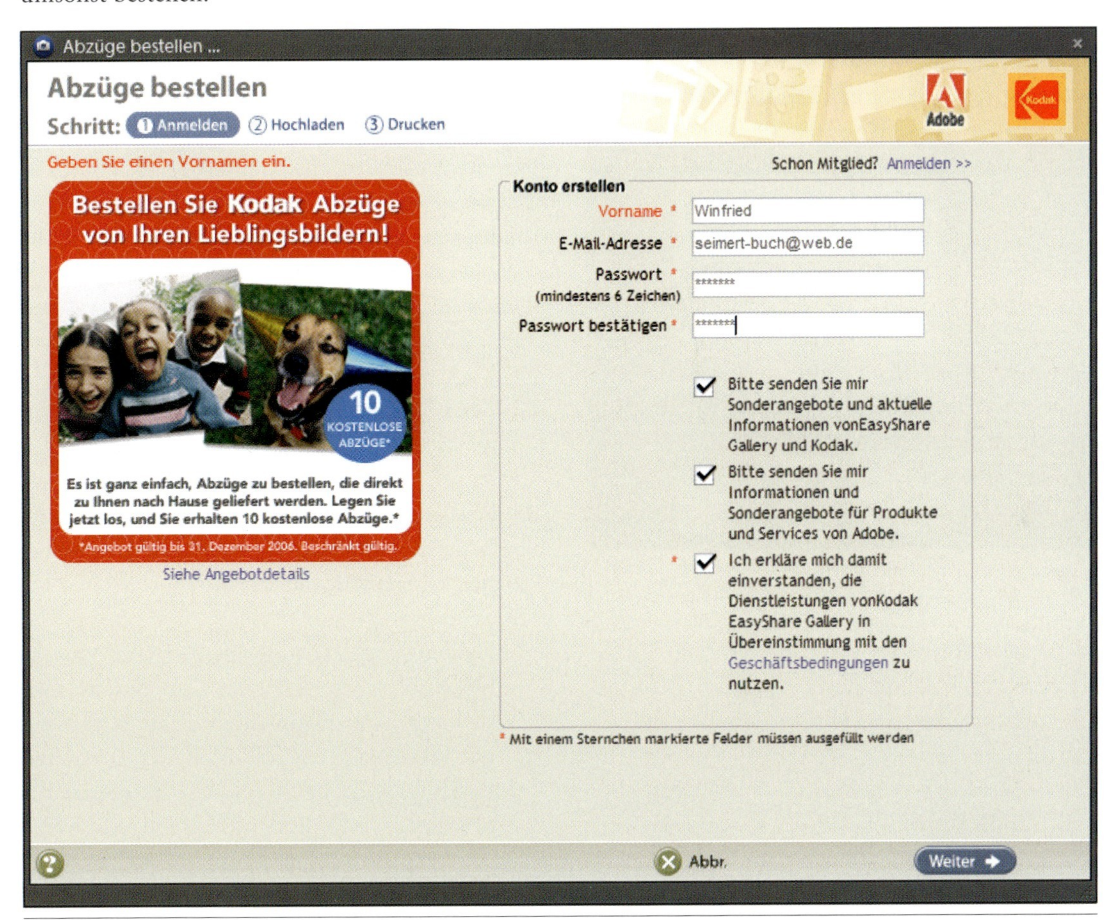

Probieren Sie doch gleich mal Ihre kostenlosen Abzüge aus.

1 Wählen Sie den Menüpunkt *Grußkarte* aus dem Menü der Schaltfläche *Mehr Optionen*. Im veränderten Bedienfeld wählen Sie aus den Themenvorgaben das von Ihnen bevorzugte Thema aus. Sie können es auch gleich mit einem der vielen Layouts aus dem darunter liegenden Bereich an Ihre Bedürfnisse anpassen.

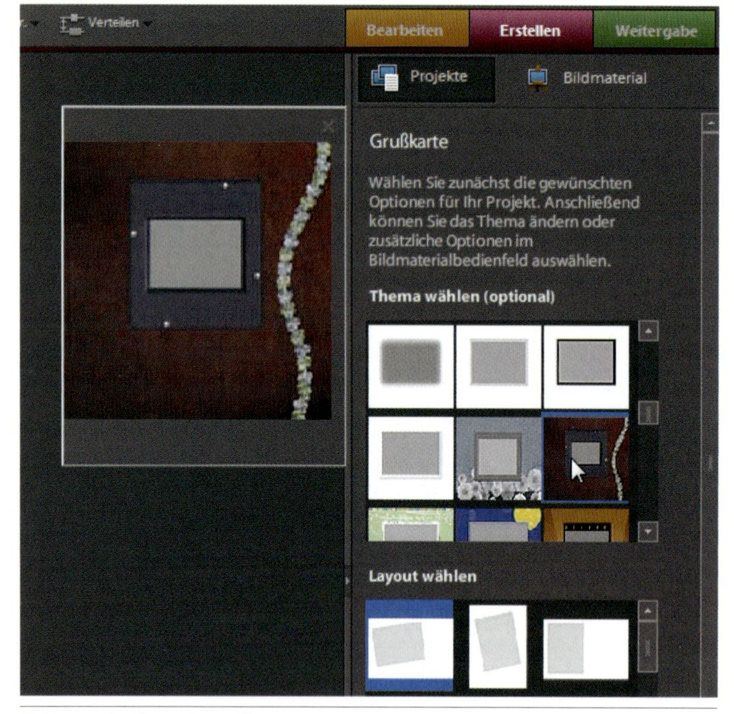

Wählen Sie das Thema der Grußkarte.

2 Danach fügen Sie ein Foto aus dem Ablagebereich oder direkt durch Anklicken der Option *Hier klicken, um ein Foto einzufügen* ein.

Die Größe des Fotos können Sie mithilfe des oberhalb des Bildes eingeblendeten Reglers einstellen und mit einem Klick auf den grünen Haken übernehmen. Die zur Verfügung stehende Fläche passen Sie dagegen mit den kleinen quadratischen Anfassern an.

Die Größe des Fotos anpassen

Daumenkino

Kennen Sie noch die Daumenkinos aus Ihrer Kindheit? Es handelt sich dabei um eine Reihe von Bildern, die sich wie im Kino die Nachbildwirkung zunutze machen und die es dem Betrachter ermöglichen eine Sequenz von Einzelbildern als fortlaufende Bildfolge zu betrachten.

1 Klicken Sie auf das Menü *Daumenkino* der Schaltfläche *Mehr Optionen*.

Gegebenenfalls werden Sie darauf aufmerksam gemacht, dass sich zunächst mehrere Bilder im Projektbereich befinden müssen.

2 Haben Sie das erledigt, wird das betreffende Dialogfenster gestartet, in dem Sie die Einstellungen des Daumenkinos näher präzisieren können. Je nach Anzahl der gewählten Bilder, können Sie im Feld *Geschwindigkeit* die benötigten *fps* (Frames pro Second, also Bilder pro Sekunde) angeben. Im Bereich *Ausgabeeinstellungen* legen Sie noch fest, in welcher Größe der zu erstellende Film abgespielt werden soll.

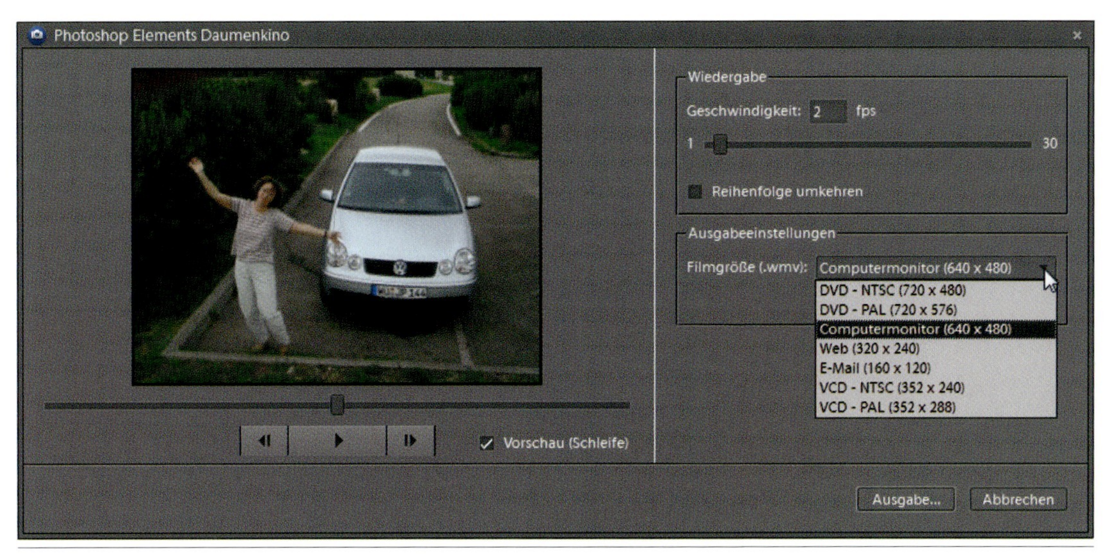

Daumenkino für Fortgeschrittene

E-Mail, DVD, Video-CD – die Weitergabe Ihrer Bilder

Wenn Sie im Startmenü die Schaltfläche *Weitergabe* anklicken, bekommen Sie die Möglichkeiten aufgezeigt, wie Sie Ihre Bilder weitergeben können.

Wie möchten Sie die Bilder weitergeben?

Versenden Sie Ihre Fotos in die Welt

Der Versand von Bildern per E-Mail ist mittlerweile fast eine Selbstverständlichkeit geworden. Demzufolge ermöglicht es Ihnen Photoshop Elements, Fotos per E-Mail-Anhang oder optisch anspruchsvoller per Foto-Mail zu versenden.

Versand per E-Mail

1 Um ein Foto als Anhang zu einer E-Mail zu senden, markieren Sie das gewünschte Foto und klicken dann auf die Schaltfläche *E-Mail-Anhänge*.

Im folgenden Dialogfenster finden Sie dieses Foto im Bereich *Elemente* aufgelistet. Falls Sie weitere Fotos aufnehmen möchten, verwenden Sie das Plus- und das Minuszeichen am rechten Rand.

Über das Listenfeld *Maximale Fotogröße* stellen Sie die von Ihnen bevorzugte Größe ein und klären über den Regler anschließend noch die *Qualität*.

2 Nachdem Sie auf *Weiter* geklickt haben, können Sie im Feld *Nachricht* einige Anmerkungen zu dem Foto eingeben. Den Empfänger wählen Sie aus der Liste aus oder aktivieren ihn

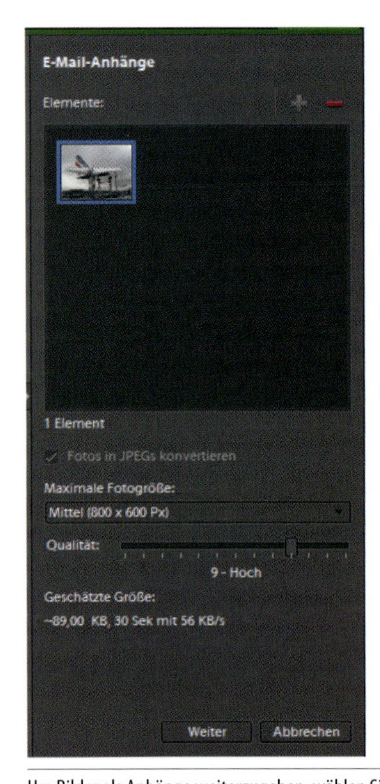

Um Bilder als Anhänge weiterzugeben, wählen Sie Adressat und Botschaft aus.

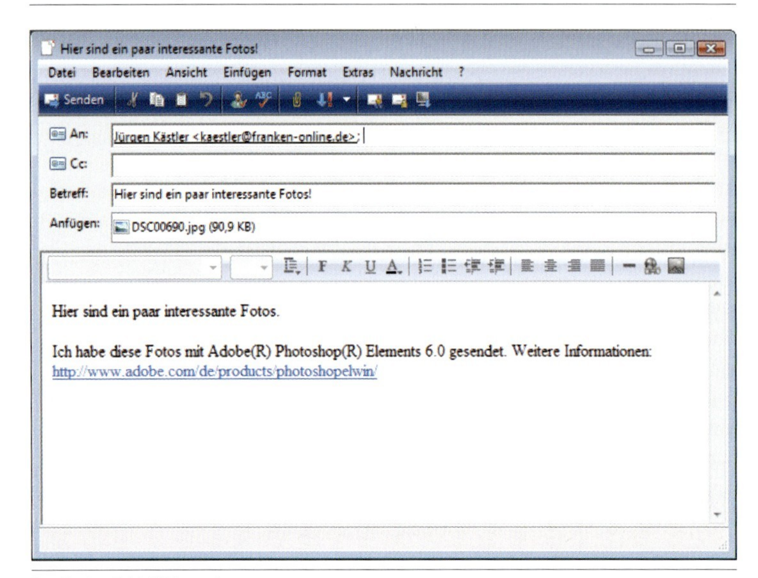

Das fertige E-Mail-Formular

Tipp

In die Photoshop Elements-Kontaktliste können Sie Ihre bereits erfassten Adressen im vCard- oder Windows Mail-Format importieren.

über das Symbol *Empfänger in Kontaktliste bearbeiten*.

3 Abschließend klicken Sie noch ein letztes Mal auf *Weiter* und erhalten ein fertig ausgefülltes E-Mail-Formular, das Sie nur noch versenden müssen.

Versand per Foto-Mail

Optisch ansprechender können Sie Ihre Bilder auch als sogenannte Foto-Mail versenden.

1 Markieren Sie das betreffende Bild und klicken Sie dann auf die Schaltfläche *Foto-Mail*.

Im Folgenden läuft alles zunächst wie beim Versand per Anhang ab. Sie fügen eventuell weitere Bilder hinzu, bestimmen die Größe, geben eine Nachricht ein und wählen den Empfänger.

Anstatt des E-Mail-Formulars öffnet sich beim letzten Klick auf *Weiter* zunächst der *Briefpapier- und Layout-Assistent*.

2 Im ersten Schritt wählen Sie das Briefpapier aus. Hierzu steht Ihnen auf der linken Seite eine Vielzahl von Vorlagen – geordnet in Kategorien – zur Auswahl.

3 Fahren Sie mit einem Klick auf *Nächster Schritt* fort.

Im folgenden Dialogfenster können Sie das Briefpapier ganz nach Ihren Wünschen gestalten und beispielsweise die Größe des Bildes anpassen, um mehr Informationen unterzubringen.

Wählen Sie das passende Briefpapier und passen Sie das Layout an.

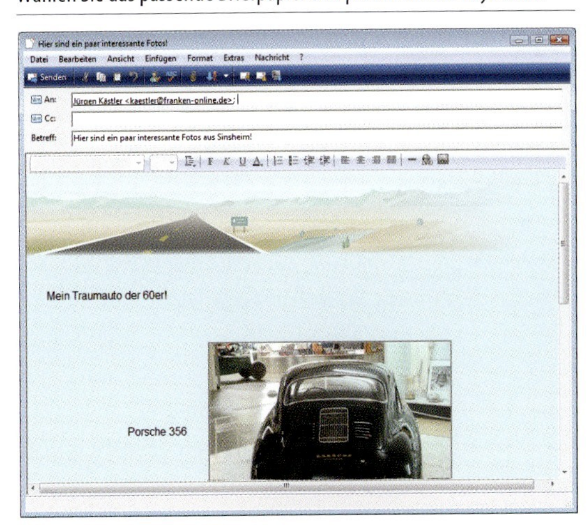

Das gestaltete E-Mail-Formular

4 Mit dem abschließenden Klick wird das nun perfekt gestylte E-Mail-Formular geöffnet und ist zum Versenden bereit.

Foto-CD/DVD erstellen

Schnell mal ein paar Bilder auf eine CD oder DVD brennen, um sie etwa in ein Entwicklungsstudio geben zu können, ist mit Photoshop Elements schnell erledigt.

1 Markieren Sie im Organizer alle Fotos, die Sie aufnehmen wollen, und klicken Sie dann auf die Schaltfläche CD/DVD.
2 Im folgenden Dialogfenster wählen Sie dann das Ziellaufwerk und vergeben noch gegebenenfalls im Feld Namen eine entsprechende Bezeichnung. Nach einem Klick auf *OK* wird der Brennvorgang gestartet.

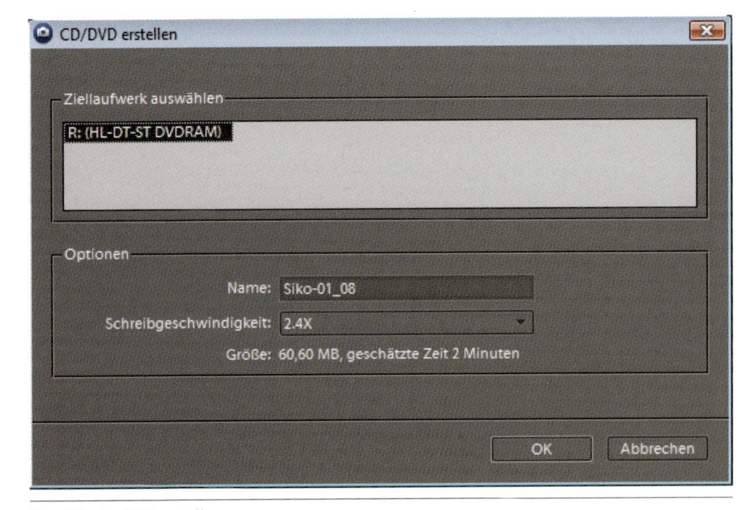

Eine CD oder DVD erstellen

Eine Video-CD produzieren

Dieser Assistent hilft Ihnen bei der Produktion einer VCD einer bereits existenten Diashow zur Anzeige auf einem gewöhnlichen Fernseher, der mit einem Standard-DVD-Player verbunden ist.

1 Markieren Sie zunächst die Show(s), die Sie auf die Disk bannen möchten. Legen Sie nun einen Rohling ein und klicken Sie dann auf die Schaltfläche *CD/DVD*.

Sie erhalten das Dialogfenster *Brennen*. Achten Sie hier darauf, dass die Option *PAL* gewählt ist, sonst bekommen Sie Probleme beim Abspielen im europäischen Raum.

2 Klicken Sie auf *OK*. Photoshop Elements erstellt nun eine WMV-Datei, was je nach Größe eine Weile dauern kann. Danach startet der Brennvorgang.

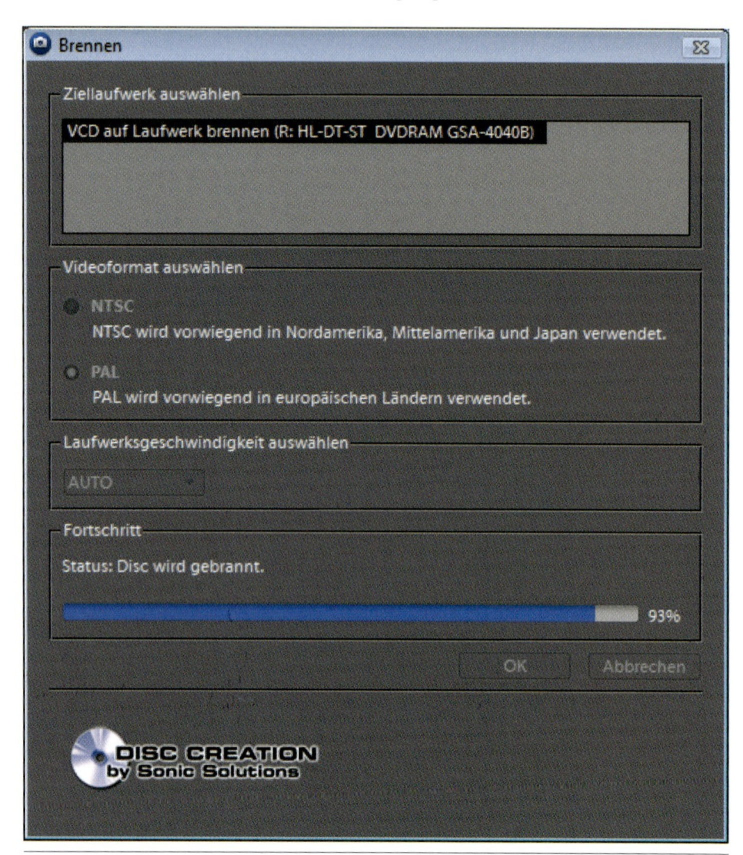

Das Brennfenster von Photoshop Elements

Zum Abschluss fragt Sie das Programm, ob der Vorgang erfolgreich war. Ist das der Fall, steht einem schönen Fernseherlebnis der besonderen Art nichts mehr im Wege.

Sichern Sie die Mühen Ihrer Arbeit durch Speichern

Bestimmt wollen Sie Ihre Bilder und nicht zuletzt die Mühen Ihrer Arbeit dauerhaft sichern. Photoshop Elements hat zwar einige Sicherungen eingebaut, doch um das Thema Speichern kommen Sie nicht herum.

Speichern als Datei

1 Beim normalen Speichern ist der Vorgang stets gleich. Sie klicken im Editor in der Menüleiste auf den Eintrag *Datei* und wählen dann *Speichern unter* aus. Anschließend müssen Sie noch ein paar Optionen, wie das Dateiformat, einstellen.

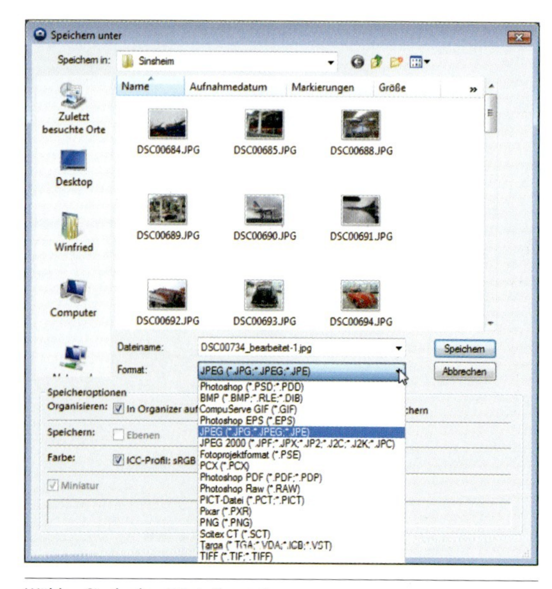

Wählen Sie das benötigte Format.

Wenn Sie auf den Listenpfeil *Format* klicken, erhalten Sie eine riesige Auswahl an Formaten, von denen die folgenden im Allgemeinen bedeutsam sind:

- *PSD:* Dieses Format wird Ihnen häufig begegnen, denn es handelt sich um das Photoshop Elements-eigene Format. Was es besonders auszeichnet, ist seine verlustfreie Speicherung in komprimierter Form.
- *BMP:* Dieses Format steht für Bitmapbilder und ist ein Windows-Standardbildformat auf DOS- und Windows-kompatiblen Computern. Die Bilder dieses Formats sind unkomprimiert, d. h., jeder Bildpunkt wird abgespeichert.
- *CompuServe GIF*: Dieses Format (*G*raphics *I*nterchange *F*ormat) eignet sich besonders gut für Bilder, die keine kontinuierlichen Farbtöne oder große Bereiche mit ein und derselben Farbe enthalten. Nachteilig mag sein, dass es nur 256 Farben aufnehmen kann. Für den Webdesigner ist es aber ideal, denn man kann eine Farbe als transparent definieren und damit erreichen, dass der Hintergrund überall da durchscheint, wo mit der transparenten Farbe gezeichnet wurde.
- *JPG:* Dieses Format (die Abkürzung steht für *J*oint *P*hotographics *E*xperts *G*roup) eignet sich in der Regel am besten für Fotos und Bilder mit kontinuierlichen Farbtönen. Es vermag, fotorealistische Farbpaletten zu behandeln und die Bilder sehr gut zu komprimieren. Allerdings ist diese Art der Komprimierung mit einem Qualitätsverlust verbunden. Dieser beruht auf dem Löschen von Bildinformationen und kann nicht wiederhergestellt werden. Wegen der geringen Dateigrößen ist es das ideale Format für Fotos, die Sie ins Internet stellen wollen.
- *TIF:* Dieses Format (*T*agged-*I*mage *F*ile Format, deshalb auch TIFF) ist in der Welt des Druckens sehr weit verbreitet. Es wird zum Austausch von Dateien zwischen Anwendungen und Computer-Plattformen verwendet. So gut wie alle Desktop-Scanner können TIFF-Bilder erstellen.
- *PDF:* Dateien im *P*ortable *D*ocument *F*ormat zeichnen sich dadurch aus, dass sie klein, in sich geschlossen und portierbar sind. Sie enthalten alle Informationen zu Schriftarten, Grafiken und Druck, die für das Anzeigen und Ausdrucken der Datei erforderlich sind.

Anschließend sollten Sie sich den Optionen für das Speichern widmen.

Damit Sie das Original nicht überschreiben, sollten Sie es entweder *Als Kopie* oder mit der Option *Mit Original im Versionssatz speichern* sichern. Im ersten Fall hängt das Programm die Endung *Kopie* an den Dateinamen an und erstellt so eine weitere Datei. Die ursprüngliche Datei bleibt somit unberührt. Im zweiten Fall werden die Änderungen in der Ursprungsdatei gesichert. Das hat den Vorteil, dass Sie vor lauter Dateien nicht den Überblick verlieren und zudem die Änderungen schön nachvollziehen können. Im *Organizer* wird Ihnen dann nur jeweils die aktuellste Version obenauf gezeigt.

Hinweis

Sichern Sie das Bild zudem in einem Format, das Ebenen speichern kann, ist das Kontrollkästchen *Ebenen* aktiviert. Das ist beispielsweise beim Standardformat Photoshop (*.PSD,*.PDD) der Fall, weshalb Sie eine solche Datei jederzeit auch verändern können.

Damit Sie Ihre Bilder auch stets wiederfinden, ist die Option *In Organizer aufnehmen* bereits aktiviert.

2 Den Speichervorgang selbst lösen Sie mit einem Klick auf die Schaltfläche *Speichern* aus.

Speichern für den Interneteinsatz

Wenn Sie Bilder für das Internet erstellen wollen, dann kommt es im Wesentlichen darauf an, dass Sie die Fotos für diesen Einsatzzweck optimieren. Bei solchen Bildern müssen Sie nämlich den Spagat zwischen guter Anzeigequalität und geringer Dateigröße hinbekommen.

Für solche Arbeiten hat Ihnen das Programm einen Assistenten zur Seite gestellt. Zur präzisen Optimierung können Sie sich nämlich eine Vorschau der optimierten Bilder in verschiedenen Dateiformaten anzeigen lassen und dann in Ruhe abwägen.

1 Rufen Sie *Datei/Für Web speichern* auf oder klicken Sie auf die gleichlautende Schaltfläche.

Sie erhalten ein Dialogfenster, das Ihnen das Originalbild und das optimierte Bild gleichzeitig anzeigt und auf diese Weise sofort die Auswirkung Ihrer Optimierungseinstellungen vor Augen führt. Beispielsweise können Sie so die verschiedenen Dateiformate einmal ausprobieren und am unteren Rand der Vorschaufenster die Auswirkungen gleich beobachten.

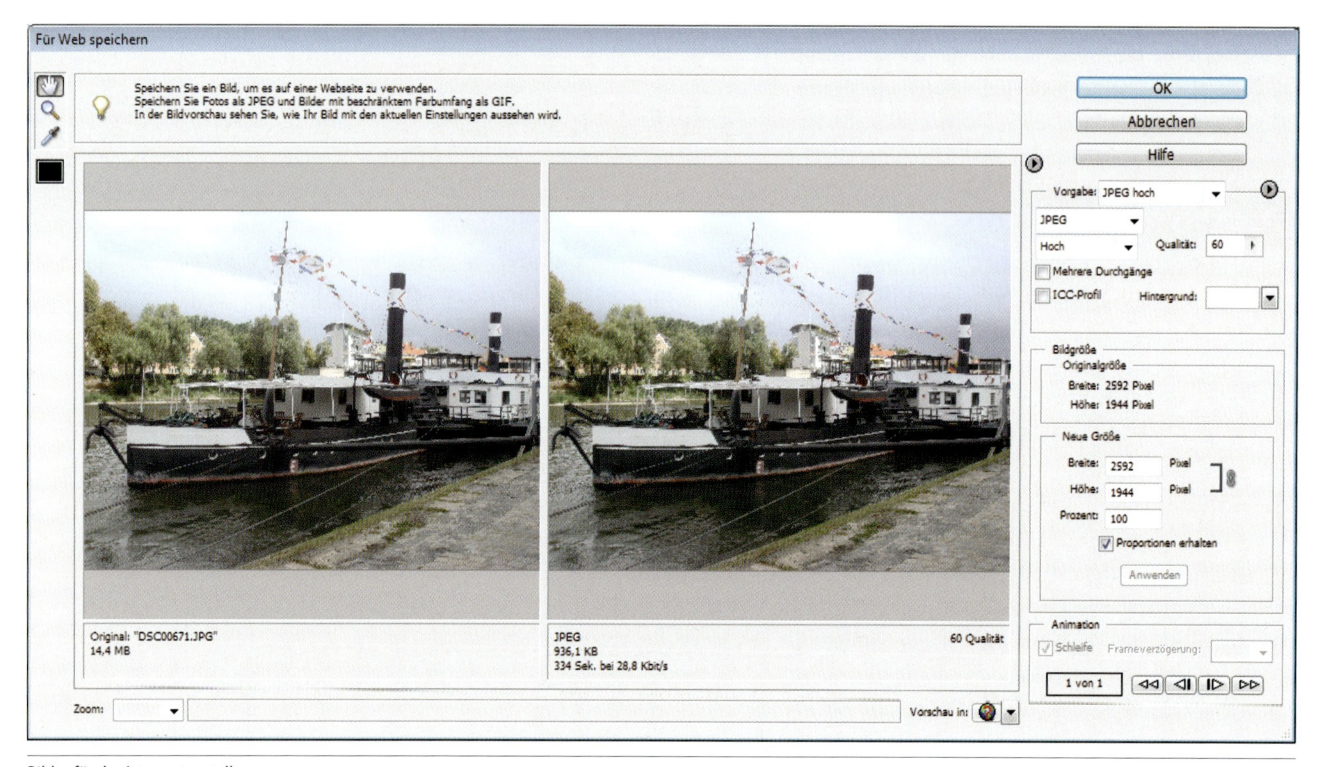

Bilder für das Internet erstellen

Möchten Sie die Datei auch gleich in dem installierten Browser begutachten, dann klicken Sie auf das kleine Symbol hinter der Bezeichnung *Vorschau in*.

2 Haben Sie alle Einstellungen getroffen, klicken Sie auf *OK*. Sie erhalten daraufhin das Dialogfenster *Optimierte Version speichern unter*, in dem Sie den Speicherort eingeben können.

Drucken Sie Ihre Fotos selbst

Mittlerweile ist es üblich, dass man seine Bilder zu Hause ausdruckt, denn das benötigte Equipment ist recht preiswert und die Qualität überzeugt mittlerweile selbst gestandene Profis.

Bevor Sie ein Foto ausdrucken, sollten Sie zunächst verschiedene Einstellungen vornehmen, um die Druckausgabe nach Ihren Vorstellungen zu gestalten.

1 Rufen Sie *Datei/Drucken* auf.

Im sich öffnenden Dialogfenster gilt es insbesondere folgende Einstellungen zu treffen: Zunächst wählen Sie aus dem Listenfeld *Ausgabegröße* die Größe des zu bedruckenden Papiers aus. Dann su-

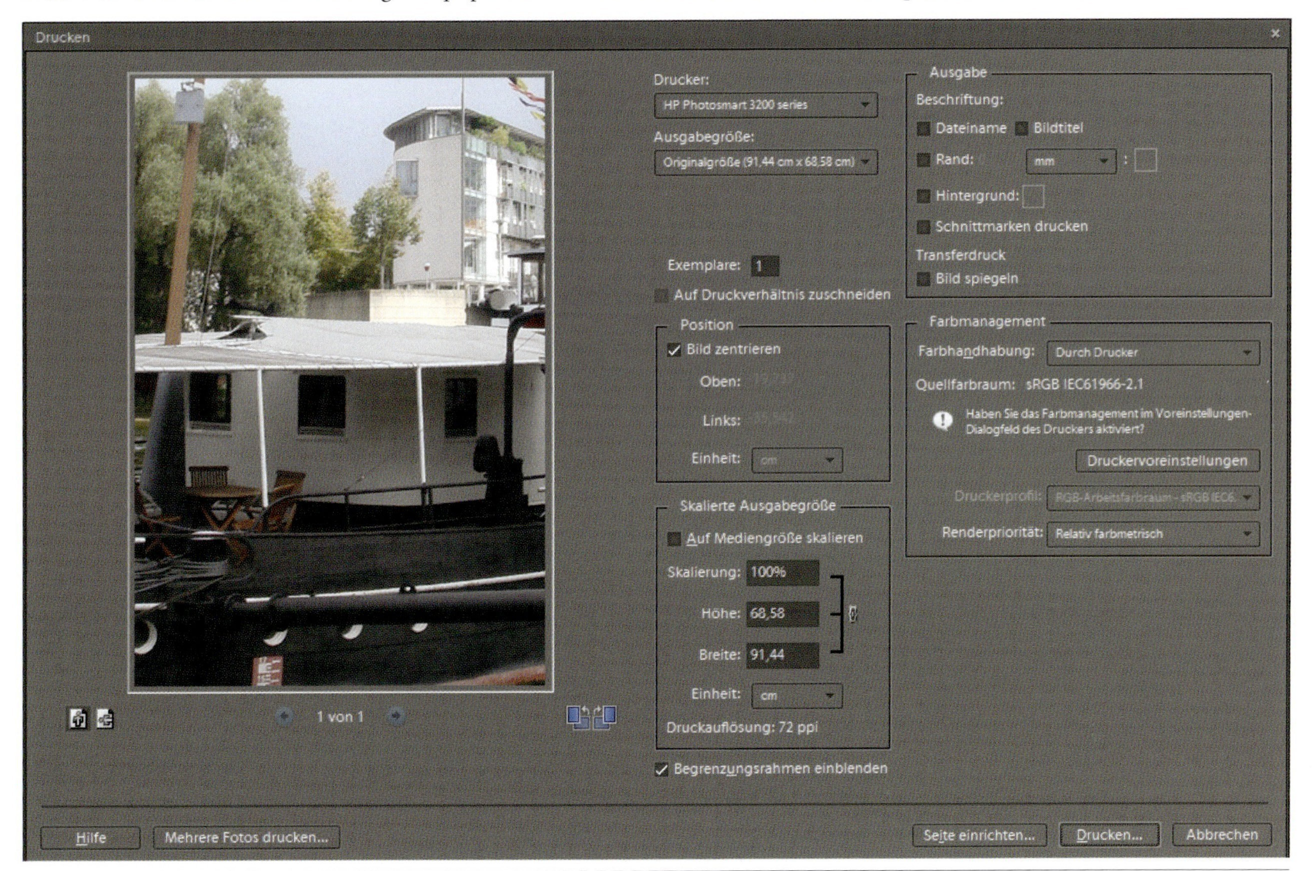

Die präzisen Ausdruckeinstellungen vornehmen

chen Sie im Listenfeld *Drucker* aus den angezeigten Druckern denjenigen heraus, auf dem Sie das Foto ausdrucken wollen.

Neben dem Format spielt die Wahl des zu bedruckenden Papiers eine Rolle. Gerade, wenn Sie einen Farbtintenstrahldrucker verwenden, sollten Sie hierauf besonderes Gewicht legen.

Klicken Sie auf die Schaltfläche *Druckervoreinstellungen*, um an das betreffende Dialogfenster zu gelangen.

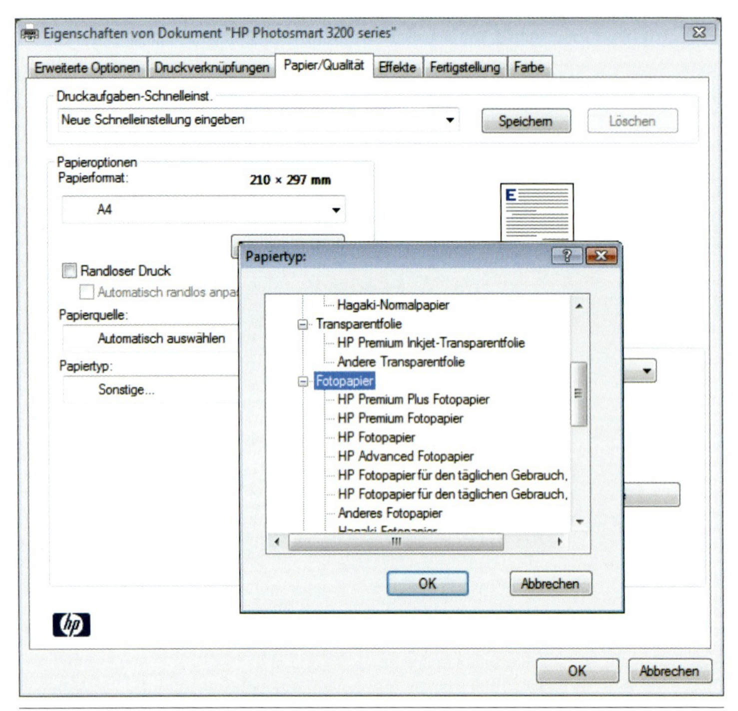

Überlegen Sie sich die Wahl des Papiers gut.

Auf der Registerkarte *Papier/Qualität* finden Sie das Listenfeld *Papiertyp*, über das Sie die Papiersorte einstellen können. In dem folgenden Dialogfenster treffen Sie dann Ihre Wahl.

Die Wahl des richtigen Papiers spielt für den Ausdruck eine gewichtige Rolle und sollte deshalb gut bedacht sein. Im Regelfall werden Sie eine Reihe von Papiersorten vorfinden und sich fragen, wie man da durchblicken soll. Doch keine Sorge, auch wenn sich die Bezeichnungen häufig unterscheiden, können Sie von folgenden Papiersorten ausgehen:

- *Normalpapier*: Dieses preiswerte Papier finden Sie häufig als Druckerpapier für Laser- oder Tintenstrahldrucker vor. Es zeichnet sich dadurch aus, dass es raue Fasern hat und die Tinte zumeist schnell verläuft. Dadurch fließen die Farben oft ineinander und es kommt zu hässlichen Ausdrucken. Für hochwertige Fotos ist ein solches Papier folglich ungeeignet und sollte deshalb nur für Probezwecke oder Texte verwendet werden.
- *Inkjetpapiersorten*: Diese Papiersorte wurde speziell behandelt und verhindert das Verlaufen der Tinte bei einem Ausdruck auf einem Farbtintenstrahldrucker. Sie finden es häufig unter den Namen „Premium" oder „Broschüre". Es zeichnet sich durch seine hohe Knick- und Kratzfestigkeit aus und eignet sich deshalb besonders für Plakate oder Preistafeln, die sogar im Freien angebracht werden können.
- *Fotopapier-/Hochglanzpapiersorten*: Diese Papiersorte finden Sie häufig unter der Bezeichnung „Glossy". Dieses kartonartige, mit einer glänzenden Kunststoffoberfläche beschichtete Papier eignet sich besonders für farbenfrohe, bunte Ausdrucke, da es brillante Farben und scharfe Ränder garantiert. Hochglanzpapier erkennen Sie daran, dass es auf einer Seite stark glänzend ist. Es eignet sich hervorragend für den Ausdruck von Fotos, da das bedruckte Papier innerhalb

kürzester Zeit trocknet und es so zu keinen Verläufen kommt.

2 Verlassen Sie die Dialogfenster mit *OK*. Wenn Sie alle Einstellungen getroffen haben, starten Sie den Ausdruck durch Anklicken der Schaltfläche *Drucken*.

Hinweis

Darüber hinaus gibt eine Reihe von weiteren Papiersorten für die unterschiedlichsten Zwecke. Nicht immer werden Sie jede Papiersorte einsetzen können. Welche Sorten das konkret sind, erfahren Sie im Regelfall aus dem Druckerhandbuch Ihres Druckers.

Index

A

Abgerundetes-Rechteck-Werkzeug 95
Abzüge bestellen 106
Ähnliche Bilder finden 33
Alben
  Begriff 28
Album
  anschauen 28
  bestücken 28
  erstellen 28
Änderungen speichern 44
Anpassen der Vorschaubilder 24
Aquarell 94
Arbeiten mit dem Lasso 61
Arbeiten mit Ebenen 66
Assistent 37
  Bildkorrektur 45
Auf Hintergrundebene reduzieren 87
Auflösung 21
Aufregende Schaltflächen erstellen 95
Ausgabegröße 38
Ausgabequalität 22
Auswahlbegrenzung 57
Auswahlbereich 68
  der Auswahl hinzufügen 66
Auswahlkanten
  glätten 66
Auswahlrechteck 57
Auswahl umkehren 77
Autofunktion Kontrast 41
Automatische Wiedergabe 16

B

Backup 35
Bearbeiten 12
Beleuchtung 40
  anpassen 84
  und Belichtung 48
Benachbart 65
Bereichsreparatur-Pinsel 53
Bewegungsunschärfe 90
Bild
  einscannen 18
Bildband 101
Bildbereich
  mit einem Muster füllen 69
  mit einer Farbe füllen 68
Bildbereiche freistellen 56
Bildeffekte 86
Bilder (siehe auch Fotos)
  beschneiden 47
  drehen und/oder begradigen 47
  drucken 115
  erstellen 100
  falsch belichtet 40
  flaue 41
  in bestimmtes Format bringen 45
  Qualität verbessern 40
  schärfen 47
  scharfzeichnen 88
  speichern 112
  störende Elemente entfernen 72
  suchen 30
  verändern 72
Bilder bearbeiten 56
Bilder fürs Programm 14
Bildersammlung 11
Bilder verändern 72
Bildschärfe 43
Bildschirmgröße 38
Bitmapbilder 113

BMP 113
Briefpapier- und Layout-Assistent 110

C

CD 13, 111
Collage 13
CompuServe GIF 113
Computer 104

D

Daten sichern 34
Daumenkino 108
Der Auswahl hinzufügen 59, 77
Destruktive Filter 93
Diashow 31, 104
  Sprechtext aufnehmen 106
  Text hinzufügen 106
  Übergang
    106
  Voreinstellungen 105
Digitalkamera 11, 14, 16
Download
  Trail-Version 10
Druckauflösung 38
DVD 13, 111
DVD-Player 111

E

Ebenen
  duplizieren 72
  erzeugen 86
  neu anordnen 86
  reduzieren 87
  verschieben 86
Ebenen
  arbeiten mit 66
  Funktionsweise 67
Ebenenstile 95
Editor 12, 36
  Ansichten 38
Effekte 98
Eigenschaften
  Allgemein 29
  Metadaten 30
  Stichwort-Tags 30
  Verlauf 30
Eine Video-CD produzieren 111
Einfache Auswahlformen erstellen 57
Einstellungsebenen 70
Ellipsenförmige Auswahlrahmen 58
E-Mail 11, 13, 104, 109
Entfärben 51
Erstellen und Weitergeben 100

F

Farbausgewogenheit 42
Farbbild 20
Farbe
  anpassen 50
  harmonischer erscheinen lassen 50
  Sättigung 50
Farbkorrektur 50
Farbkreis 42
Farbmischung 41
Farbstich 36, 50f
  entfernen 42
Farbton 43
Farbtonkreis 42
Filter 87
  destruktive 93
  konstrutive 88

für Spezialeffekte 93
scharfzeichnen 88
weitere 94
Flaue Bilder zu Kontrast verhelfen 41
Foto
aufhellen 49
Foto-CD/DVD erstellen 111
Fotocollage 103
Fotoeffekte 98
Foto-Mail 109
Fotomontagen 75
Fotopapier 106, 116
Fotos (siehe auch Bilder)
auf Papier drucken 116
aus Dateien und Ordnern laden 15
aus Kamera oder Kartenleser 16
aus sonstigen Quellen 23
aus Unterordnern laden 15
automatisch drehen 16
drucken 115
Farbqualität 50
graue 49
Hochformat 24
in die „richtige" Größe bringen 45
in einem Durchgang korrigieren 39
in Ordnern suchen und laden 23
kombinieren 54
laden 15
mit Stichwörtern versehen 25
Qualität verbessern 40
Querformat 24
suchen 30
überbelichtet 49
unterbelichtet 49
vom Handy importieren 23
vom Import ausschlieflen 18
vom Scanner 18
von Scanner laden 18
Fotosammlung 11
Fotos anzeigen und ordnen 11
Fotos laden 18
Freistellaktionen 56
Freistellungswerkzeug 75, 85
Für Web speichern 114

G

Gaußscher Weichzeichner 90
Gerade-ausrichten-Werkzeug 47
Glätten 65
Graphics Interchange Format 113
Graue Bilder ansehnlich machen 49
Graustufenbild 21
Grundlegende Fotobearbeitungen 45
Grün-/Magenta-Anteil 43
Gruppe
Sammlung 28
Grußkarte 96
Grußkarten 107

H

Handy 14
Hautton korrigieren 51
Hautton-Pipette 51
Helligkeit und Kontrast 49
Hintergrundebene 67
Hochglanzpapier 116

I

Inkjetpapier 116
Installation 10
Intelligente Auto-Korrektur 39
Intelligente Korrektur 39
Interlacing 20

Internet 114
Internetauftritt 103

J

Joint Photographics Experts Group 19, 113
JPEG 19
JPG 113

K

Kartenleser 16
Katalog
  anlegen 14
  auf CD, DVD oder Festplatte sichern 35
Kleinere Mängel beseitigen 53
Komplexe Bereiche mit dem Zauberstab freistellen 64
Komplexere Auswahlbereiche anlegen 59
Konstruktive Filter 88
Kopierstempel 72
Korrekturen
  Assistent, Schnell, Voll 37
  intelligente 39
  rasche 39
  schnelle 36
Korrektur fehlerhafter Bilder 36
Kratzer 53
Kunstfilter 93

L

Lasso-Werkzeug 61
Lichter abdunkeln 42

M

Magnetisches Lasso 63
Malfilter 94
Metadaten 30
Mittelton-Kontrast 42

N

Nie mehr schlechtes Wetter 81
Normalpapier 116

O

Onlinegalerie 103
Ordnung im System 24
Organisieren 11, 14
Organisieren und Bearbeiten 16
Organizer 11, 14, 18, 23, 28
  Datumsansicht 31
  Eigenschaften festelegen 29

P

Panoramabilder 84
Papier
  Qualität 116
PDF 104, 113
Photomerge 54, 84
Pinsel
  einstellen 73
PNG 20
Portable Document Format 113
Portable Network Graphics 20
PSD 113

Q

Qualität des gescannten Bildes verbessern 21

R

Radialer Weichzeichner 91

Referenzfoto 34
Reparatur-Pinsel 53, 79
RGB 20
RGB-Modell 20
Risse 53
Rote Augen
korrigieren 39

S

Sammlungen 13
Übersicht bewahren 29
Sättigung 43
Scanauflösung 21, 22
Scannen 43
Scanner 14, 18
Schaltfläche Schnell 39
Schaltfläche Voll 56
Scharfzeichnen 47
Schief aufgenommene Fotos 47
Schnappschüsse
korrigieren 38
Schnelle Korrekturen selbst gemacht 38
Schnellkorrektur 12, 36, 38
Schnellreparaturdienst 79
Schnittmenge mit Auswahl bilden 61
Schönheitsfehler 53
Schwarzweißfoto 21
Selektiver Weichzeichner 91
Sicherungskopien 34
Sichtbare auf eine Ebene reduzieren 87
Sortierreihenfolge
Organizer 25
Speichern
als Datei 112
für den Interneteinsatz 114
Spezialeffekte 87
Sprechtext 106
Stark weichzeichnen 92
Staub & Kratzer 80
Stichwörter 25
Kategorien 25
speichern 27
Unterkategorie 26
weitere Kategorien anlegen 27
Stichwort-Tags 11, 25
Stilisierungsfilter 94
Störende Bildelemente entfernen 72
Strukturierungsfilter 94

T

Tag
zuweisen 25
Tagesanmerkung 32
Tagged-Image File 20, 113
Tatsächliche Pixel 38
Temperatur 43
Text
Diashow 106
Texteffekte 86
Tiefen aufhellen 41
TIF 113
TIFF 20
Toleranz 64
Tonwert 41
Spreizung 51
Tonwertkorrektur 40
Tonwertspreizung 51
Treppcheneffekt 91

U

Übergang
Diashow 106
Unschärfen
beseitigen 43

Unscharf maskieren 88
Unterbelichtete oder überbelichtete Fotos retten 49
USB-Schnittstelle 16

V

VCD 111
Versand
per E-Mail 109
per Foto-Mail 110
Verschieben-Werkzeug 78
Verzerrungsfilter 94
Video-Disk 104
Visuelle Ähnlichkeit mit ausgewählten Fotos 34
Voll 37
Von Auswahl subtrahieren 60
Vorschaubilder 24
als Diashow 31
Vorschaugrafik 24

W

Weichere Übergänge 89
Weichzeichnen 89, 92
Weichzeichner 78
Weitere Filter 94
Weitergabe 13
Weitergeben 109
Werkzeug
Lasso 61
Magnetisches Lasso 63
Polygon-Lasso 62
Zauberstab 64
Willkommensbildschirm 10
Wischfinger 78

Z

Zauberstab 66
Zeichenfilter 94
Zeitleiste 30
Zu helle oder zu dunkle Bilder retten 40

Bildnachweis:

Fotos: Winfried Seimert